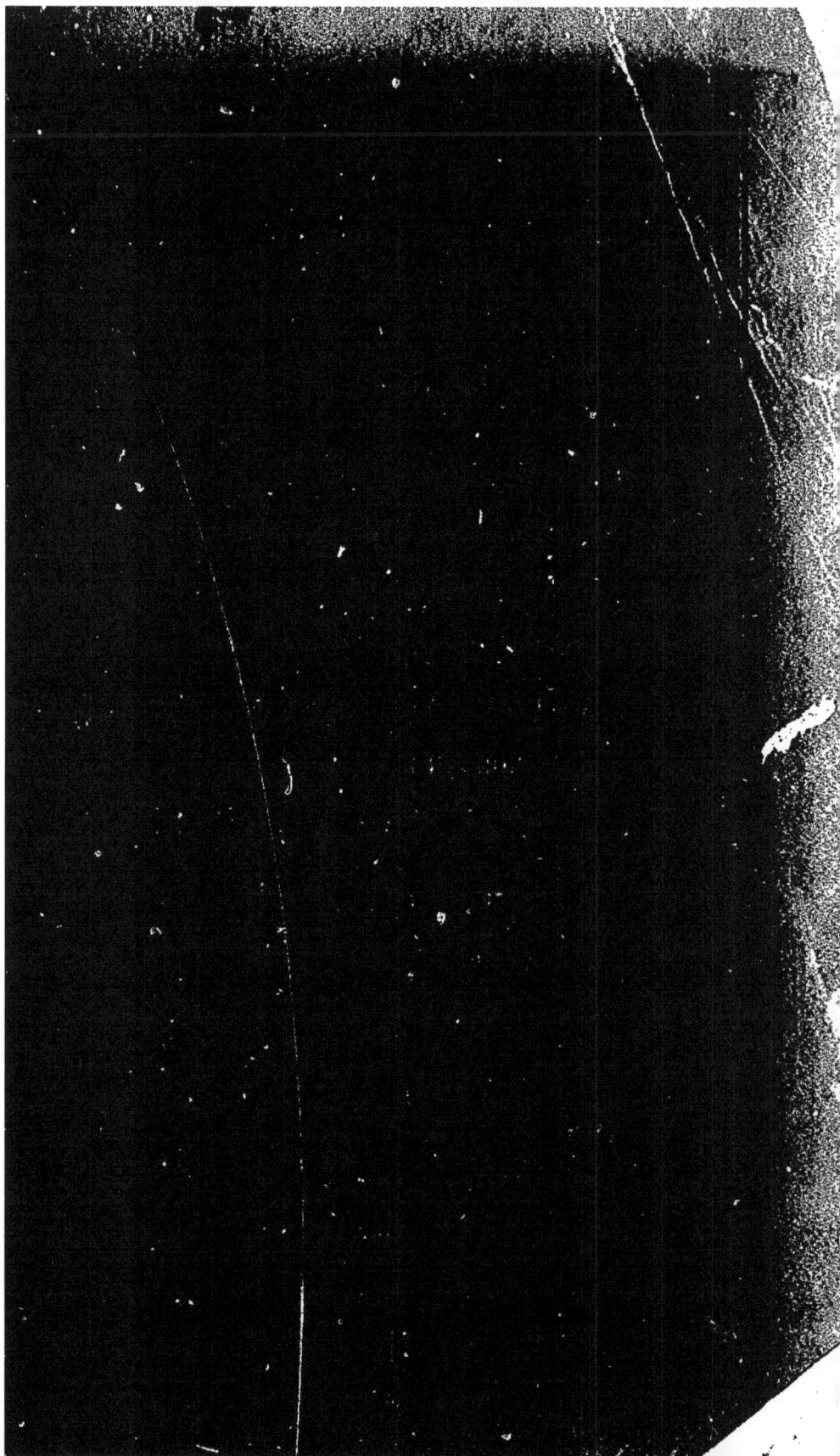

DU SERMENT

CONSIDÉRÉ COMME MOYEN DE PREUVE

EN DROIT CIVIL, ROMAIN ET FRANÇAIS

THESE POUR LE DOCTORAT

Présentée et soutenue le jeudi 7 décembre 1871, à 9 heures.

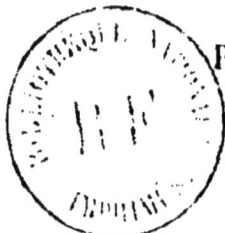

Par Réné MOUTERDE

Né à Lyon (Rhône).

Président :	M. BUFNOIR,	Professeur.
Suffragants :	MM. DEMANTE, DUVERGER, GIDE,	Professeurs.
	BOISSONADE,	Agrégé.

Le Candidat répondra en outre aux questions qui lui seront faites sur les autres matières de l'enseignement.

PARIS

A. PARENT, IMPRIMEUR DE LA FACULTÉ DE MÉDECINE

31, rue Monsieur-le-Prince, 31

1871

A MON PÈRE, A MA MÈRE

DU SERMENT

On appelle serment l'acte par lequel une personne prend Dieu à témoin de la vérité d'une
affirmation ou de la sincérité d'une promesse.

Les hommes ont toujours cru que l'invocation
de la Divinité donnait à leur parole un caractère
sacré et une autorité irrécusable : l'usage du serment remonte aux premiers âges du monde, et
la législation de tous les peuples civilisés en
consacre l'institution. Les anciens lui attri-
buaient une vertu, pour ainsi dire, toute-puis-
sante ; ils le croyaient capable de lier les dieux,
comme les hommes. Pythagore considérait
l'univers comme le mystérieux résultat d'un
serment que Dieu se serait fait à lui-même de
le faire sortir du néant. Et si des traditions
païennes nous passons aux récits de la Genèse,
nous y voyons Jéhovah donner aux hommes
l'exemple du serment en jurant de multiplier à
l'infini, comme les étoiles du firmament, la postérité de son serviteur Abraham (1).

Dans la loi toute religieuse des Juifs, Dieu
commande aux hommes le plus grand respect

(1) *Genèse*, chap. 22, verset 16.

1

du serment. On connaît les préceptes bibliques :
« Vous ne jurerez pas faussement en mon nom,
et vous ne souillerez pas le nom de votre Dieu.
Vous ne prendrez pas en vain le nom du Seigneur,
votre Dieu ; car le Seigneur ne tiendra pas pour
innocent celui qui aura pris en vain le nom du
Seigneur, son Dieu. » (1).

Chose remarquable, comme la Bible et comme
la mythologie grecque, les croyances indiennes
font remonter à la Divinité l'origine du serment ;
il en est souvent question dans les lois de Manou.

Le respect de la foi jurée ne semble pas avoir
été la vertu des Grecs. Les Lacédémoniens surtout
avaient la réputation de se parjurer facilement ;
quant aux Athéniens, ils étaient, sans doute, plus
fidèles observateurs de leur parole. Nous voyons,
en effet, que les lois de Solon admettaient le serment et en réglementaient l'usage. Démosthène,
Isocrate y font assez souvent allusion dans leurs
discours pour nous montrer que la théorie du
serment avait déjà reçu, de leur temps, tous les
développements dont elle est susceptible. Le serment décisoire et le serment déféré d'office
étaient pratiqués à Athènes ; le *jusjurandum de
calumnia* lui-même était connu : chaque partie
devait le fournir, dans les causes civiles, au début
de l'instance, le procès ne s'ouvrait qu'ensuite.

(1) *Exode*, chap. 20, verset 7.

Chez un peuple qui ne se fait pas un religieux
devoir de l'observation de ses promesses et de
la sincérité de ses paroles, l'institution du serment ne peut conserver longtemps son prestige.
Elle était tombée, chez les Grecs, dans un complet
discrédit, à une époque où les jurisconsultes de
Rome avaient encore assez de confiance dans
la bonne foi de leurs contemporains pour déclarer que le serment est le meilleur moyen de
terminer promptement un procès (1). Nous étudierons en détail le rôle considérable que le serment occupe en droit romain, comme moyen
de preuve ; bornons-nous à dire ici que, s'il fut
à Rome l'objet d'une sorte de culte, il faut en
chercher la raison dans les instincts profondé-
ment religieux d'un peuple qui aimait à faire
intervenir les dieux dans tous ses actes. C'est ce
que fera paraître le passage suivant de Cicéron.
« In jurejurando non qui metus sed quæ vis sit
« debet intelligi. Est enim jusjurandum affirma-
« tio religiosa. Quod autem affirmate, quasi Deo
« teste, promiseris, id tenendum est. Jam enim
« non ad iram Deorum quæ nulla est, sed ad justi-
« tiam et ad fidem pertinet. Nam præclare
« Ennius :

« O Fides alma, apta pennis, et jusjurandum Jovis. »

« Qui jus igitur jurandum violat, is Fidem
« violat, quam in Capitolio vicinam Jovis optimi

(1) L. 1; Dig., *De jurejurando*, 12, 2.

«maximi (ut in Catonis oratione est) majores
«nostri esse voluerunt. » (1).

Pendant la période de bouleversement qui
suivit la chute de l'Empire romain, il n'est pas
facile de reconnaître quel fut, en matière civile,
le sort de l'institution du serment. On peut cependant en signaler les traces dans les lois des
principales tribus germaniques. Le serment y
est toujours présenté comme devant suppléer
au défaut d'autres moyens de preuve. Nous
lisons dans la loi des Visigoths : « Si per proba-
« tionem rei veritas investigari nequiverit, tum ille
« qui pulsatur se expiet rem vel si quid ab eo requi-
« ritur neque habuisse neque habere neque ex
« causa unde interrogatur se conscium esse vel
« quidquam inde veritatis scire » (2). La tradition
du serment se retrouve aussi dans le droit des
Bourguignons : le chapitre 45 de la loi Gombette
porte l'intitulé suivant : « De his qui objecta sibi
« negaverunt et praebendum obtulerunt jusju-
« randum. » L'usage du serment ne se trouve
pas aussi clairement consacré par les coutumes
des barbares restés en dehors de toute influence
de la législation romaine. La loi des Bavarois
déclare toutefois qu'il sera employé faute d'autre
preuve. « In his vero causis sacramenta praes-
« tantur in quibus nullam probationem discussio
« judicantis invenerit » (3).

(1) Cicéron, De officis, cap. 29.
(2) Liv. II, tit. 2, cap. 5.
(3) Tit. 8, cap. 16, 33.

Pendant tout le moyen âge, l'intervention de l'Eglise dans l'administration de la justice eut pour effet de multiplier, outre mesure, les serments. On en fit usage soit comme d'un mode de preuve, soit comme d'un moyen de garantir la sincérité des engagements. Les jurisconsultes, les magistrats, les philosophes finirent par s'élever contre une pratique qui était devenue, par suite d'un abus scandaleux, une excitation au parjure. Néanmoins le serment était encore en usage dans la dernière période de notre ancien droit.

Bossuet, après avoir constaté, comme nous venons de le faire, l'universalité du serment, s'attache à en faire connaître la nature: «Saint Paul, dit-il, observe deux choses dans la religion du serment (1). L'une qu'on jure par plus grand que soit, l'autre qu'on jure par quelque chose d'immuable. D'où il conclut que le serment fait parmi les hommes le dernier affermissement, la dernière et finale décision des affaires.

« Il y faut encore ajouter une troisième condition: c'est qu'on jure par une puissance qui pénètre le plus secret des consciences, en sorte qu'on ne peut la tromper ni éviter la punition du parjure.

« Cela posé, et le serment étant établi parmi toutes les nations, cette religion établit en même

(1) Epître aux Hébreux, VI, 13, 16, 17, 18.

temps la sûreté la plus grande qui puisse être parmi les hommes qui s'assurent les uns les autres par ce qu'ils jugent le plus souverain, le plus stable et qui seul se fait sentir à la conscience » (1).

Le serment est toujours une affirmation religieuse ; mais, comme le but dans lequel il est prêté est variable, il faut en distinguer deux espèces. « Il a été établi, dit encore très-bien Bossuet, qu'en deux cas où la justice humaine ne peut rien, dont l'un est quand il faut traiter entre deux puissances égales, et qui n'ont rien au-dessus d'elles, et l'autre est lorsqu'il faut juger des choses cachées, et dont on n'a pour témoin ni pour arbitre que la conscience, il n'y a point d'autre moyen d'affermir les choses que par la religion du serment » (2). Le serment peut donc être prêté d'abord lorsqu'une obligation est contractée ; alors l'attestation de la Divinité fait de l'engagement de celui qui jure un lien sacré. On dit, en pareil cas, que le serment est *promissoire*. On donne, au contraire, le nom d'*affirmatoire* ou *assertoire* au serment par lequel une personne affirme l'existence ou la non-existence d'un fait.

Le serment promissoire porte sur l'avenir ; il est la garantie de l'accomplissement d'une obligation ou d'un devoir.

(1) Politique tirée de l'Écriture sainte, liv. vii, art. 2, prop. 3°.
(2) Politique tirée de l'Écriture sainte, *loc. cit.*

En droit romain, ce serment produisait dans certaines circonstances, de remarquables effets. C'est ce qui avait lieu notamment dans le cas de la *jurata promissio liberti*. On sait qu'un esclave ne pouvait s'engager civilement envers son maître. Que devait donc faire le maître qui voulait se faire promettre par l'esclave auquel il allait donner la liberté les services dus par les affranchis à leurs patrons, *operæ libertorum?* Voici quel était le procédé employé, c'est Venuleius qui nous le révèle (1): le *manumissor* faisait jurer l'esclave qu'aussitôt après la *manumissio*, il prendrait l'obligation civile de s'acquitter envers lui des *operæ libertorum*.

Dans notre ancien droit, le serment promissoire était d'une application fréquente. Toutes les fois, en effet, qu'un contrat de quelque importance était conclu, il était d'usage que les deux parties se fissent l'une à l'autre le serment d'exécuter leur promesse. Cette coutume, aujourd'hui complétement tombée en désuétude, avait été introduite par l'Église dans le but de donner aux conventions un caractère religieux et de les placer sous l'empire de la juridiction ecclésiastique.

Actuellement, disons-nous, le serment promissoire n'est plus en usage comme garantie de l'exécution des conventions. Nous n'aurons

(1) L. 44; Dig., *De lib. caus.*; 1. 40; 12.

pas d'ailleurs à en parler puisque nous devons traiter seulement de celui qui sert de moyen de preuve. Ainsi nous ne dirons rien du serment des fonctionnaires, de celui des jurés, de celui des témoins, qui sont tous promissoires.

Le serment assertoire, qui sera le sujet de cette étude, présente d'autres caractères et une tout autre utilité. Il porte non sur l'avenir, mais sur le passé. C'est celui qui est déféré, pour servir de preuve dans une contestation, soit par le juge, soit par l'une des parties à son adversaire. Le serment déféré par la partie peut être judiciaire ou extrajudiciaire, et il est dans sa nature de faire preuve complète et indiscutable du fait qu'il a pour but d'avérer. Le serment déféré d'office par le juge n'a pas une force probante aussi grande. Il intervient seulement comme complément d'une preuve imparfaite et pour déterminer la conviction du juge.

Nous devons indiquer dès à présent ce qu'il y a de dérogatoire aux principes ordinaires des preuves dans l'emploi du serment comme élément de conviction. Il est de règle, en effet, que celui qui émet une prétention dans le cours d'un procès doit établir que sa prétention est fondée et en fournir au tribunal la démonstration. Le tribunal ne croit pas sur sa seule déclaration et ne donne pas gain de cause à un demandeur qui se dit créancier, à un défendeur qui affirme avoir déjà payé la dette qu'on lui réclame. C'est cependant ce qui aura lieu dans le cas du serment; celui qui jure est, en effet, cru sur parole, son assertion sert de preuve et le dispense d'en fournir aucune autre. Comment s'expliquer cette puissance extraordinaire donnée à l'affirmation faite sous la foi du serment? Elle repose entièrement sur cette idée que le serment est une chose sainte, et que l'invocation de la Divinité est une garantie de la sincérité de celui qui jure. On ne peut supposer le parjure. Mentir, après s'être engagé solennellement et devant Dieu à ne prendre conseil que de sa conscience et non de son intérêt, c'est vouloir faire de Dieu lui-même le complice de son mensonge: crime odieux, que toutes les religions nous représentent comme l'un des plus capables de soulever la colère céleste et d'attirer à celui qui s'en est rendu coupable le juste châtiment de sa perversité.

Les formes de la prestation du serment varient suivant les temps et suivant les croyances des peuples; mais elles ont toujours pour but de faire impression sur la conscience de celui qui jure et de lui inspirer une crainte salutaire du mensonge. L'homme qui prête serment fait, au fond, deux choses : il affirme un fait avec attestation de la Divinité, et il se voue lui-même, s'il trahit la vérité, aux peines qu'un Dieu vengeur réserve au parjure. De là deux parties à distinguer dans la formule du serment : l'*invocation* et l'*imprécation*.

L'invocation est ordinairement un appel à
Dieu lui-même. Le Dieu d'Abraham jurait par
lui-même (1), et, lorsque le roi de Sodôme,
s'adressant à son vainqueur, lui dit « Donnez-
moi les personnes, et prenez le reste pour vous »,
Abraham répondit : «Je lève la main et jure par
le Seigneur, le Dieu Très-Haut, possesseur du
ciel et de la terre, que je ne recevrai rien de tout
ce qui est à vous, depuis le moindre fil jusqu'à
un cordon de soulier ; afin que vous ne puissiez
pas dire : que vous avez enrichi Abraham » (2).

Les Romains n'attachèrent longtemps la
valeur d'un serment qu'à celui qui était prêté
per Jovem et dans le temple du plus grands des
dieux. C'est également devant Dieu que doit être
prêté le serment chrétien, et c'est toujours ainsi
que la prestation en est faite de nos jours. Nous
trouvons toutefois, à bien des époques, des formules de serment dans lesquelles il est fait appel
(au moins dans l'invocation) non à Dieu, mais
à tout autre objet de l'affection ou du respect de
celui qui jure.

Cette variété de formules n'empêche pas le
serment de rester toujours un acte religieux ;
car, si Dieu n'est pas toujours nommé dans l'invocation, c'est toujours à lui que s'adresse la
seconde partie de la formule, c'est-à-dire l'imprécation. Nous avons dit que l'imprécation est

(1) *Genèse*, chap. 22, verset 16.
(2) *Genèse*, chap. 14, verset 5.

l'acte par lequel celui qui jure appelle sur sa tête, s'il se parjure, les foudres de la justice suprême et la peine due à son impiété. Le plus souvent, et c'est ce qui a toujours lieu dans nos mœurs, aucune imprécation expresse n'accompagne la prestation du serment; mais elle n'en existe pas moins virtuellement dans l'intention de celui qui le prête, et se trouve implicitement comprise dans les mots *je le jure*, qui suffisent à caractériser le serment. Quelques théologiens veulent que l'imprécation soit exprimée; cette opinion ne nous paraît pas devoir être suivie. Toutefois, nous comprenons qu'il peut être utile d'exiger, dans certains cas, une imprécation expresse, parce qu'elle est de nature à inspirer, surtout à des esprits grossiers, la crainte du parjure. C'est d'ailleurs principalement dans les temps de la barbarie et chez les peuples mal civilisés que se rencontre l'usage des imprécations formelles et terribles. Nous verrons que, dans les premiers siècles de Rome, celui qui jurait devait terminer son serment en jetant une pierre et prononçant ces mots : « Si je trompe sciemment, que Jupiter sauve la ville et me fasse tomber dans la misère, comme je laisse moi-même tomber cette pierre ! » Justinien eut l'idée, pour relever sans doute le respect du serment exigé des fonctionnaires de l'empire, de leur tracer la formule suivante, dans laquelle on remarquera l'emphase ordinaire de son langage :

« Si vero hæc omnia non ita servavero, reci-
« piam hic et in futuro sæculo in terribili judi-
« cio magni Domini Dei, et salvatoris nostri
« J. Christi et Caïn, et habeam partem cum
« Juda et lepra Giezi et tremore Caïn : insuper
« et pœnis quæ lege eorum pietatis continentur
« ero subjectus » (1).

Nous ne multiplierons pas ces exemples et
nous terminerons ce rapide coup d'œil sur les
formes du serment en faisant observer que la
formule usitée de nos jours est celle-là même
qu'employait Abraham. Celui qui doit jurer
lève la main et affirme sa prétention. L'invocation de la Divinité et l'imprécation résultent virtuellement de la prononciation des mots con-
sacrés : *je le jure.*

Nous jugerons mieux l'institution du serment
quand nous aurons étudié ses effets et recherché
les conditions de son application. Dès à présent
cependant il nous est possible d'apercevoir ce
qu'il y a d'exorbitant et de dangereux à faire de
la déclaration d'une partie une preuve contre
son adversaire. Peut-on compter, en effet, sur
l'impartialité d'une personne que la délation du
serment place entre son intérêt et son devoir?
Une triste expérience de l'humanité, et surtout
des hommes engagés dans un débat judiciaire,
ne doit-elle pas faire craindre qu'un appel à
une conscience de plaideur soit rarement en-

(1) Justinien, *Nov.*, 8.

tendu? Platon croyait déjà les hommes de son
temps trop mauvais pour qu'il fût possible de
s'en rapporter à leur parole (1). Depuis Platon,
les moralistes et les jurisconsultes n'ont cessé
de montrer les vices de l'institution du serment.
Elle a survécu à leurs critiques et nous la retrouvons, dans nos lois, telle à peu de chose
près qu'elle fonctionnait à Rome ou en Grèce.
Nous aimons à croire que, malgré la déprava-
tion contemporaine, elle est appelée à rendre
encore des services. Si nous interrogions la pratique, nous verrions que la ressource du serment est fort utile dans les contestions assez
nombreuses, où les parties ne sont pas en état
de faire la preuve de leur droit. On objecte que
c'est un mauvais moyen de sortir d'embarras, et
que la solennité du serment n'empêchera pas
de mentir des hommes dont la conscience est
trop souvent oblitérée, et qui font de l'intérêt
leur seul Dieu. Mais, nous le demandons, parce
qu'il y a beaucoup de malhonnêtes gens, faut-il
que la loi suppose la mauvaise foi et fasse de
cette supposition la base de ses dispositions?
Croire tous les hommes méchants et les traiter
comme tels, n'est-ce pas, en quelque sorte, les
inviter au mal? Se méfier de tout le monde, dit
Sénèque, c'est encourager au mensonge. Ce
qui mérite véritablement les critiques des philosophes, c'est l'abus et non pas l'usage du ser-

(1) Platon, *Les Lois*, liv. xii.

ment. C'est l'abus qui en est défendu par l'É-
vangile (1). Or, la justice est aujourd'hui assez
éclairée pour s'interdire toute délation inutile
du serment, et les plaideurs n'y recourent pas
volontiers, si ce n'est en désespoir de cause.
Pourquoi donc s'élever contre une pratique qui
n'a jamais eu moins d'inconvénients que de nos
jours? « Si le serment, dit un éminent magistrat, est en lui-même impuissant à rendre plus
étroit le devoir commun, né du sens moral, de
dire toute la vérité, on ne peut s'empêcher du
moins de reconnaître qu'il le rend plus sensible
et plus flagrant. Comme attestation et invocation religieuse, il agit puissamment sur l'imagination, il l'inquiète; il la frappe de l'idée for-
midable des châtiments infligés par la sanction
divine au mensonge, au parjure, ou bien, il
élève et encourage la conscience en la ramenant
à la grande et solennelle pensée d'un Dieu immuable, source de toute vérité et de toute justice. Telle a été la pensée du législateur, quand
par une sainte association de la religion et de
la justice, il a introduit l'institution du serment
dans la procédure judiciaire, institution aussi
utile dans son but que morale dans son principe » (2).

(1) « Ego autem dico vobis non jurare omnino... Sit autem
« sermo vester : Est, est; non, non, quod autem his abundantius
« est a malo est. » Saint Mathieu, chap. 5, verset 31.
(2) Larombière, *Traité des obligations.*

DROIT ROMAIN

Les Romains professèrent longtemps le plus
inviolable respect de la foi jurée. « Le serment
eut tant de force chez ce peuple, nous dit Montesquieu, que rien ne l'attacha plus aux lois. Il
fit bien des fois pour l'observer ce qu'il n'aurait
jamais fait ni pour la gloire ni pour la patrie » (1).

Un jour la démocratie romaine était en ré-
volte. Le peuple avait formé le dessein de se retirer sur le Mont sacré. Tite Live nous raconte
qu'il fut retenu par le serment qu'il avait fait
aux consuls de les suivre à la guerre. L'idée lui
vint alors de les mettre à mort. Mais on lui fit
sentir que le serment n'en subsisterait pas
moins. La crainte du parjure lui épargna un
grand crime et préserva Rome de la guerre civile (2). En plus d'une autre circonstance, l'his-
toire nous apprend que le peuple se montra non
moins fidèle observateur de sa parole ; et ce qui
était à Rome une vertu politique y fut aussi une
vertu privée. Polybe affirme que si de son temps

(1) *Esprit des Lois*, liv. xix, chap. 22.
(2) T. Live, liv. ii.

la promesse d'un Grec méritait peu de confiance,
on en pouvait ajouter une entière à la bonne
foi d'un Romain. La place considérable que le
serment occupe dans la législation des Romains
est une preuve de plus du culte religieux dont
il était l'objet dans leurs mœurs; le serment
promissoire lui-même n'était pas dénué chez
eux de tout effet juridique. Et, quant au serment
affirmatoire, ils se faisaient une si haute idée
de sa puissance, que Gaïus n'hésite pas à nous
dire, dans la première loi du titre consacré à
ce sujet : « Maximum remedium expedienda-
« rum litium in usum venit jurisjurandi re-
« ligio » (1). Ce serment peut être extrajudiciaire ou se produire en justice. Dans un cas
comme dans l'autre, son effet sera d'amener une
prompte solution du débat. Prêté extrajudiciairement, il crée une action ou une exception au
profit de son auteur, suivant que celui-ci joue le
rôle de demandeur ou de défendeur. Vous me
réclamez une somme de cent sous d'or. Je vous
dis : « Jurez que je vous dois cette somme, et
je m'en rapporterai à votre parole. » Vous jurez.
Lorsque notre débat aura été porté en justice,
le préteur vous donnera l'action *de jurejurando*,
et le juge de cette action aura uniquement à se
demander si vous avez juré, *an juratum sit*. Soit
maintenant un serment prêté par le défendeur.
Vous me réclamez, comme tout à l'heure, cent

(1) L. 1; D., liv. xii, tit. 2.

sous d'or. Aux dénégations que je vous oppose vous répondez en me déférant le serment. Je jure que je ne vous dois rien. Si plus tard vous intentez une action contre moi, j'aurai pour me défendre l'exception *jurisjurandi.*

Non moins efficace sera le serment prêté devant le préteur ou devant le juge. Toutefois hâtons-nous de remarquer qu'il peut être déféré en justice soit par la partie, soit par le juge. Les parties recourent d'ordinaire au serment dans les contestations où elles n'ont pas d'autre moyen de faire la preuve de leurs droits. Il est alors un *ultimum subsidium* qui permet de trancher le différend, *omnibus aliis probationibus deficientibus.* Nous verrons qu'il tire sa force décisive de son caractère conventionnel.

Ce n'est pas dans le cas où les preuves font complétement défaut, mais bien lorsqu'elles sont insuffisantes que le juge ordonnera la prestation du serment. Le serment déféré par le juge viendra compléter les commencements de preuve fournis par les plaideurs et achèvera ainsi d'éclairer sa religion. Disons dès à présent que, dans certaines circonstances, le demandeur obtiendra du juge, décidé à condamner son adversaire, l'autorisation de faire lui-même, sous la foi du serment, l'estimation du litige et de fixer ainsi le montant de l'indemnité qui doit lui être allouée. Le but du serment n'est plus ici d'éclairer le fond du procès.

2

Dans la langue du droit moderne on appelle *décisoire* le serment que les parties se défèrent l'une à l'autre, *supplétoire* celui dont le juge ordonne la prestation quand il n'a pas des moyens suffisants de se former une conviction sur le fond du débat; le serment qui doit servir de base à la fixation du chiffre de la condamnation est nommé *estimatoire*.

La terminologie romaine ne correspond pas exactement à la nôtre. La rubrique de notre titre au Digeste est ainsi conçue : *De jurejurando sive voluntario, sive necessario, sive judiciali.* Et celle du titre suivant porte ces mots : *De in litem jurando.* Dans le *jusjurandum judiciale* ou *in litem* il est facile de reconnaître les deux espèces de serment déféré par le juge dont nous avons plus haut donné une idée. Mais dans quel cas le serment est-il *volontaire?* Dans quel cas faut-il dire qu'il est *nécessaire?* Les opinions diffèrent sur ce point. Nous pensons que ces deux expressions concernent le serment déféré par la partie et qu'il est appelé volontaire lorsqu'il est déféré extrajudiciairement, nécessaire lorsque la délation se produit en justice. Ici, en effet, la partie qui ne veut prêter ni référer le serment, perd son procès. Là, au contraire, elle peut impunément se refuser à jurer. Notre interprétation est celle de Voet et de Savigny.

D'autres enseignent que le serment est volontaire quand il est déféré, parce qu'on a le choix, la liberté de le prêter ou de le référer. Lorsqu'il est référé, ce choix n'existe plus. Si on veut éviter de perdre son procès, on n'a que la ressource de jurer. Le serment est donc nécessaire.

Il est enfin des auteurs pour lesquels le serment nécessaire est celui que le juge ordonne, parce qu'il ne dépend pas de la volonté des parties. Mais que devient alors le *jusjurandum judiciale* que notre rubrique distingue avec soin du *jusjurandum necessarium?*

Nous ne nous étendrons pas davantage sur une question dont l'intérêt est médiocre ; nous aimons mieux passer immédiatement à l'étude même de notre sujet ; nous traiterons successivement, et dans deux titres distincts, du serment déféré par la partie et du serment déféré par le juge. Les explications qui précèdent justifient suffisamment cette division.

TITRE PREMIER

Du serment déféré par la partie.

C'est celui qui présente la nature et les effets juridiques les plus remarquables. Qu'il soit judiciaire ou extrajudiciaire, les règles auxquelles il est soumis sont en grande partie les mêmes.

Néanmoins, dans l'étude que nous commençons nous aurons grand soin de faire ressortir ce que le serment offre de spécial suivant qu'il est prêté devant le préteur, devant le juge ou en dehors de toute instance.

CHAPITRE PREMIER.

CARACTÈRES DE CE SERMENT.

Vous prétendez que je suis votre débiteur. Vous n'avez pas les moyens de faire la preuve de votre droit. Vous me déférez le serment. De trois choses l'une : ou je jure, et alors je gagne mon procès, je suis absous. Ou je refuse de jurer, et je suis condamné. Ou enfin je me réfugie dans un troisième parti, celui de vous référer le serment, ce dont j'ai toujours le droit lorsque nous nous trouvons *in jure* ou *in judicio*. Référer le serment, c'est dire à celui qui me l'a déféré : « Je ne suis pas disposé à prêter serment, mais jurez vous-même que vous êtes mon créancier, j'abandonne à votre loyauté la décision de notre différend. » La relation du serment a pour effet d'intervertir les rôles. Celui qui a le premier proposé d'y recourir est maintenant forcé de le prêter lui-même sous peine de perdre sa cause.

Tel est le jeu du serment décisoire. Si nous en faisons l'analyse, nous y reconnaîtrons faci-

lement un pacte. Tous les jurisconsultes s'attachent à mettre en lumière le caractère conventionnel qui fait l'essence et la force du serment.
Deux personnes ne savent comment terminer
une contestation qui s'est élevée entre elles.
Elles finissent par s'entendre pour chercher
dans le serment un moyen de sortir d'embarras. L'une d'elles propose à l'autre du jurer,
et celle-ci consent à le faire. C'est de cet accord
des parties que le serment tire sa puissance.
*Ex pactione ipsorum litigatorum decidentur contro-.
versiæ* (1). Il est intervenu entre elles une sorte
de transaction : *Jusjurandum speciem transactionis
continet* (2). « Je veux bien, a dit le demandeur,
reconnaître que vous ne me devez rien, mais à
une condition, c'est que vous jurerez devant
Dieu que vous n'êtes pas mon débiteur. »

Le serment présente donc de l'analogie avec
une transaction. Toutefois hâtons-nous de dire
que, lorsqu'il est déféré en justice, il s'écarte
d'une transaction ordinaire en ce que la partie
à laquelle on offre de le prêter ne peut pas s'y
refuser impunément. Ne pas le prêter, c'est
s'attirer une condamnation certaine, et le référer n'est guère moins dangereux pour elle ; car
c'est mettre le sort du litige entre les mains de
l'adversaire. C'est là ce que Savigny exprime

(1) L. 1 ; D., n. tit.
(2) L. 2 ; D., n. tit.; l. 21 ; D., 1, 3 ; l. 35, § 1 ; D., n. tit.;
l. 26, § 2 ; D., n. tit.

en disant que le serment est une forme de procédure obligatoire (1).

En considérant le serment sous une autre
face, on remarque qu'une fois prêté, il tient lieu
de jugement. M. de Savigny en expose la théorie sous ce titre : *De ce qui supplée au jugement.* Et
aux termes de la loi 26, § 2 de notre titre, *jusjurandum instar judicii habet.* Déférer le serment,
c'est confier le litige à l'arbitrage de l'adversaire. C'est instituer celui-ci juge en sa propre
cause. Il se donne gain de cause, s'il jure; s'il
refuse de jurer et de référer le serment, cette
conduite équivaut de sa part à un aveu par lequel il prononce lui-même sa condamnation.
« Confessus pro judicato est, qui quodammodo
« sua sententia damnatur » (2).

Si l'on considère la prestation du serment
comme une sentence rendue par l'une des parties devenue l'arbitre du procès (3), on est conduit à dire qu'en convenant de trancher leur
différend par cette voie les parties font une sorte
de compromis. Ce qu'il y a de particulier dans
ce compromis, c'est que ce n'est pas un étranger, mais l'un des plaideurs en présence qui est
choisi pour juge suprême du débat.

Devant ce tribunal de la partie, la procédure
est simple et les questions sont promptement

(1) *System.*, t. VII.
(2) L. 1; D., 42, 2.
(3) L. 1, pr.; D., 44, 5.

résolues. Celui qui jure y fait par la seule vertu
de son affirmation la preuve de son droit, et sa
parole puise dans l'invocation de la Divinité et
la convention intervenue entre son adversaire
et lui une autorité plus grande encore que celle
du jugement. *Majorem auctoritatem habet quam
res judicata*, dit Paul (1). Nous aurons plus loin
à préciser le sens de cette affirmation.

Les jurisconsultes romains signalent encore
à notre attention les analogies du serment avec
la *litis contestatio*, la novation, le payement, l'acceptilation. Nous devons nous rendre compte de
ce qu'il y a d'exact dans ces divers rapproche-
ments.

Il y a *lis contestata*, d'après le système formu-
laire, à ce moment de la procédure où, l'instance devant le préteur se trouvant terminée,
les parties sont renvoyées devant le *judex*. Alors
le sort du débat dépend de l'appréciation du
juge, et l'on peut dire qu'il se forme entre les
parties un quasi-contrat judiciaire, dont l'effet
est de substituer aux liens de droit qui pouvaient exister entre elles l'unique obligation de
subir la sentence du juge (2). De même, lorsque
le serment a été déféré, le débat change de face.
L'une des parties n'a plus qu'une chose à faire,
c'est de le prêter; et l'autre n'a plus qu'une
obligation, celle de tenir pour vrai ce qui aura

(1) L. 2: D., n. tit.
(2) Gaius, Com. 3, § 180-181.

été juré et d'en accepter les conséquences. On voit en quoi le serment déféré tient lieu de *litis contestatio* (1). Mais il est également facile de reconnaître qu'il existe entre les deux une grosse différence : l'un, en effet, est un pacte ; l'autre offre les caractères d'un quasi-contrat.

On dit souvent, sauf à discuter le sens de cette assertion, que la *litis contestatio* emporte novation. Cela s'explique suffisamment par ce que nous venons de dire, à savoir que la *litis contestatio* transforme l'ancienne obligation des parties en celle de livrer leur débat à l'appréciation du *judex* et de se soumettre à sa décision. Un phénomène analogue s'accomplit par suite de la délation du serment. Le rapport de droit qui pouvait exister entre les parties disparaît. Au profit de l'une prend naissance le droit de trancher le différend par son serment ; l'autre contracte l'obligation de s'en rapporter au dire de son adversaire. Ce sont là, sans doute, les éléments d'une novation. Mais ici encore nous devons insister sur cette considération que la novation produite par la délation du serment est conventionnelle, au lieu d'être judiciaire, comme celle qui résulte de la *litis contestatio*.

Nous verrons par la suite que le pacte du serment n'est pas sans analogie avec le constitut. Les jurisconsultes nous le présentent en-

(2) L. 28, § 2 ; D., 5. 1 ; Cf. Puchta, *Cursus*, § 173.

coro comme un mode d'extinction des obligations : *pro solutione cedit* (1). Ils le comparent à
l'acceptilation. C'est de même un paiement fictif,
une *solutio imaginaria* « Jusjurandum a debi-
« bitore exactum efficit ut pignus liberetur », dit
Julien ; « est enim hoc acceptilationi simile » (2).

CHAPITRE II.

QUI PEUT DÉFÉRER LE SERMENT.

L'acte libre par lequel on défère le serment
n'est pas sans danger. D'une part, il équivaut
à une offre de transaction et conduit à un pacte.
D'un autre côté, il met la décision du procès
entre les mains de l'adversaire et participe ainsi
à la nature de l'aliénation. *Deferentis deterior fit
conditio*. De là nous devons conclure que pour
déférer le serment il faut avoir la libre et entière
disposition de ses droits, la double capacité de
contracter et d'aliéner.

Ce principe posé, nous en étudierons les conséquences en passant en revue les différentes
classes d'incapables.

1° L'impubère ne peut déférer le serment sans
l'assistance de son tuteur, *quia rerum adminis-
trandarum jus ei non competit* (3). Si le pupille

---

(1) L. 35, § 2, n. tit.
(2) L. 12, n. tit.
) D.; l. 17, § 1, n. tit.

défère le serment sans l'autorisation du tuteur,
et que plus tard il veuille agir à raison du
même objet, on pourra, il est vrai, lui opposer
une exception; mais il aura le droit de répli-
quer (1). Grâce à cette réplique, l'acte de l'impubère ne produira contre lui aucune conséquence.

La loi 4, au Code de notre titre (2), suppose
que, pour se soustraire à l'action de la tutelle,
un pupille défère le serment à son tuteur. Néanmoins, dit le texte, *postea eamdem litem exercere
non prohibetur*. Comment se fait-il que la délation du serment faite par le pupille après la
cessation de la tutelle ne produise pas d'effet
contre lui? Son incapacité n'a-t-elle pas cessé
avec la tutelle? Peut-être le texte veut-il dire
que le pupille, entré dans la classe des mineurs
de vingt-cinq ans, aura la ressource de la *restitutio in integrum* contre le serment imprudem-
ment déféré par lui (3). Il est plus probable que
notre loi vise le cas où une tutelle prend fin
avant que le pupille soit pubère, par exemple,
par suite de la destitution du tuteur (4). On
pourrait encore dire que la loi 4 est écrite pour
une époque où, par suite du progrès du droit
prétorien, le mineur en curatelle était protégé

(1) L. 17, § 1; D., n. tit.; l. 1, § 1; D. 44, 5.
(2) Code, liv. iv, tit. 1.
(3) En ce sens, Savigny, *System.*, t. VII.
(4) En ce sens, Cujas, t. X, p. 524; Don., *ad cod.*, p. 107.

d'une manière aussi efficace que l'impubère en
tutelle, en sorte que le pupille devenu pubère
ne cessait pas d'être incapable (1).

2° Le mineur de vingt-cinq ans peut déférer
le serment. Toutefois, s'il se trouve lésé par la
délation du serment et se prétend induit en
erreur, « il aura, dit Pomponius, contre l'exception du serment qui pourrait lui être opposée
une réplique. » Ulpien corrige ce qu'il y a de
trop absolu dans l'opinion de Pomponius. « Je
pense, dit-il, que cette réplique ne sera pas toujours accordée ; le préteur examinera si le mineur a été vraiment trompé et, dans ce cas seulement, il le restituera. » La *restitutio in integrum* devait être demandée par le mineur dans
un délai que Justinien fixe à quatre ans à
compter de l'expiration de la vingt-cinquième
année (2).

3° Le fou, le prodigue ne seront pas admis à
déférer le serment. Ils n'ont pas la capacité nécessaire pour contracter, aliéner, payer ou agir
en justice. La délation du serment participe à
la nature de ces différents actes. Elle doit donc
leur être interdite. Si leurs intérêts l'exigent,
leurs curateurs déféreront le serment en leur
nom (3).

(1) Cf. l. 3, C. 2, 22, et l'interprétation qu'en donne M. Demangeat, t. I, p. 405.
(2) L. 9, § 4 ; D., h. tit. ; l. 7, pr. ; C. 2, 53.
(3) L. 17, § 2 ; l. 35, § 2 ; D., h. tit.

Les incapables dont nous nous sommes occupé
jusqu'ici sont plus ou moins restituables contre
le serment qu'ils auraient déféré dans leurs
propres affaires. Leur incapacité tient à leur
personne. Nous avons maintenant à nous demander quel est, au point de vue de la délation
du serment, le pouvoir de ceux qui agissent pour
autrui soit comme représentants légaux, soit
autrement. La règle est que leur capacité varie
suivant la nature et l'étendue de leur mandat.
Ce sont :

1° *Les tuteurs*. Deux lois leur confèrent le
droit de déférer le serment. La loi 17 § 2 D. n.
tit. leur attribue ce pouvoir d'une manière absolue, sans aucune restriction. La loi 35 n'est pas
aussi affirmative : « Tutor pupilli omnibus pro-
« bationibus aliis deficientibus, jusjurandum
« deferens audiendus est : quandoque enim pu-
« pillo denegabitur actio. » D'après ce dernier
texte, le tuteur ne défère le serment valablement que dans le cas où, faute de tout autre
moyen de preuve, le pupille serait exposé à la
perte de ses droits. Est-ce à dire qu'il y ait
opposition entre nos deux lois ? Nous ne le pensons pas. En limitant le droit du tuteur, la
loi 35 ne fait qu'appliquer le principe général
que nous trouvons écrit dans la loi 27, D. 26, 7 :
« Tutor qui tutelam gerit, quantum ad provi-
« dentiam pupillarem, domini loco haberi de-

« bel. » Supposons qu'un tuteur défère le serment dans un procès où la cause du pupille aurait pu être gagnée par d'autres moyens de preuve. Le serment prêté, l'impubère est débouté de sa demande ou condamné. Mais ne pourra-t-il pas obtenir réparation du préjudice que lui cause l'issue d'un procès où il a été mal défendu ? Sans aucun doute ; le préteur viendra à son secours au moyen de la *restitutio in integrum*. Donc les effets du serment mal à propos déféré par le tuteur seront anéantis ; la sentence qui en a été la suite sera réputée comme non avenue. En déférant le serment au lieu de faire valoir des preuves qui auraient sauvé la cause du pupille, le tuteur a fait un acte sujet à rescision. C'est ce que revient à dire la loi 35. Quant à la loi 17, si la formule qu'elle nous donne semble s'écarter de la loi 35, cela tient à ce qu'elle pose un principe sans s'occuper d'en limiter l'application.

2° *Les curateurs.* Ceux des fous et des prodigues peuvent déférer le serment. Leur capacité est semblable à celle des tuteurs des impubères (1). Quant aux curateurs des mineurs de 25 ans, il n'y a aucune raison de leur accorder ce pouvoir. Les mineurs, en effet, peuvent, à la différence du fou, du prodigue et de l'impubère, agir personnellement et faire eux-

(1) L. 17, § 2 ; D., h. tit.

mêmes une déclaration de serment. S'ils sont
induits en erreur et démontrent qu'ils ont été
« capti », nous avons vu que le préteur pourra
leur accorder la « restitutio » (1).

3° Les *procuratores*. Ils ont le pouvoir de déférer le serment dans trois cas : si la procuration est spéciale à cet effet , si elle est *in rem
suam* , si elle s'applique à l'universalité des
biens.

Le mandataire spécial n'a le droit de déférer
le serment qu'autant qu'il ait reçu à cet égard
un pouvoir exprès et positif. Ainsi, le mandat
d'agir en justice n'implique pas le droit de déférer le serment. Cette règle est formellement
écrite dans la loi 9 de notre titre, et la raison
en est facile à saisir : le serment, en effet, est
un contrat, une sorte de transaction. Dans une
action ordinaire, le sort du procès dépend de
l'arbitrage du juge'; par la délation du serment
on met la cause entre les mains de l'adversaire,
ce qui est infiniment plus grave. Les mêmes
motifs expliquent pourquoi le tuteur, qui a toujours la faculté de plaider, n'a pas la même latitude quand il s'agit de déférer le serment.

Le *procurator in rem suam* est libre de déférer
le serment. Cela ne présente aucune difficulté,
car il est *dominus rei*.

Quant au *procurator universorum bonorum*,

(1) L. 9, § 4 ; D., n. tit.

il serait inexact de dire, d'une manière absolue,
qu'il peut déférer le serment ; il ne le peut que
s'il a le droit d'aliéner ; or, c'est là un droit dont
ne jouit pas toujours même un mandataire investi d'un pouvoir général d'administration. Sa
capacité à cet égard dépend des clauses du contrat qui varient, dans chaque espèce, avec l'intention des parties. Les textes semblent ne pas
s'accorder sur l'étendue des pouvoirs du mandataire *omnium bonorum*. Ainsi il existe, dans
les termes, une opposition formelle entre
la loi 17 de notre titre, et la loi 60, D., 3, 3,
toutes deux du jurisconsulte Paul. Nous attri-
buons à des variations de fait ces antinomies
apparentes.

Quel serait l'effet d'un serment déféré par un
procureur qui n'avait pas de pouvoir à cet égard?
Ce serment profiterait peu à l'adversaire qui le
prêterait. Car, actionné par le maître, il ne
pourrait le lui opposer sous forme d'exception ;
et, une fois condamné sur la poursuite de
celui-ci, il ne serait pas admis à faire de son
parjure le fondement d'une action contre le
procureur (1).

4° L'esclave, le fils de famille peuvent-ils obliger le *pater familias*, en déférant le serment?
Les lois 20-22 de notre titre répondent très-
clairement qu'ils le peuvent lorsqu'ils ont un

(1) L. 18 ; D., n. tit.

pécule et la libre administration de ce pécule.
S'ils n'en avaient pas, ils tomberaient sous le
coup du principe général, d'après lequel les
personnes soumises à la puissance du *pater
familias*, ne rendent jamais sa condition pire(1).
Lorsqu'ils ont reçu un pécule, ils jouent vis-à-
vis de lui le rôle de mandataires. Leur capacité
de déférer le serment dépend de la nature des
pouvoirs qui leur ont été conférés. S'ils n'ont
pas la libre administration des biens qui leur
sont confiés, il est certain que le serment prêté
sur leur délation ne pourra être invoqué contre
le *pater*.

Ulpien établit une distinction entre le fils de
famille et l'esclave. « Si filius familias jusjuran-
«dum detulerit et juratum sit, de peculio danda
«est actio, quasi contractum sit. Sed in servo
«diversum est (2).» Les esclaves étaient considérés comme légalement incapables de certains
actes. Ainsi, ils ne pouvaient compromettre,
ester en justice. Le jurisconsulte pensait proba-
blement que la délation du serment devait leur
être également interdite, à cause de la gravité
de ses conséquences. Mais cette opinion n'était
pas admise par tout le monde. Nous voyons, en
effet, dans la loi 22 de notre titre, que plusieurs
étaient d'avis de donner contre le maître l'action
de peculio, quand l'esclave avait déféré le ser-

(1) L. 133; D. *de reg. jur.*
(2) L. 5, § 2; D., 15, 2.

ment. Or, Paul, à qui est attribuée cette loi, semble viser la même espèce qu'Ulpien.

5° Les *defensores municipum*, et les autres représentants de corporation. Ce sont des mandataires dont la capacité, relativement à la délation du serment, varie, suivant ce que nous avons dit plus haut, avec l'étendue de leurs pouvoirs (1).

CHAPITRE III.

DANS QUELLES ACTIONS ET SUR QUOI LE SERMENT PEUT ÊTRE DÉFÉRÉ?

Il peut trouver place dans toutes les actions. Il n'est pas de question qu'il ne soit capable de trancher. « Jusjurandum et ad pecunias « et ad omnes res locum habet, » dit Ulpien (2).

On lit dans la loi 10 de notre titre au Code : « In actione etiam depositi jusjurandum ad « exemplum cæterorum bonæ fidei judiciorum « deferri potest. » En raisonnant *a contrario*, on serait tenté de conclure de cette loi que le serment n'a pas à intervenir dans la décision des actions de droit strict. A l'appui de cette opinion, il y aurait lieu de rappeler que les obligations de droit strict ne peuvent être éteintes par le simple accord des volontés. S'il en est

(1) L. 34, § 1 ; D., n. tit.
(2) L. 34, pr.; D., n. tit.

3

ainsi, pourrait-on dire, qu'y a-t-il d'étonnant à
ce que le serment, qui n'est qu'un pacte, ne
puisse amener la solution d'une action *stricti
juris?* Cette objection ne saurait nous arrêter
en présence des textes qui la contredisent formellement. Nous trouvons, en effet, dans la
loi 51 de notre titre, le principe suivant :
« Quacumque autem actione quis conveniatur, si
« juraverit, proficiet ei jusjurandum. » L'argument tiré indirectement de la loi 10 ne peut
aller contre une affirmation aussi nette. Et
d'ailleurs, dans plus d'un texte, nous voyons
résoudre par le serment des actions qui sont
évidemment de droit strict. En voici un exemple que nous fournit la loi 28 de notre titre :
« In duobus reis stipulandi ab altero delatum
« jusjurandum etiam alteri nocebit. » Nous
voyons, dans l'espèce, le serment déféré à
l'un des *corei stipulandi*. Or, c'est bien une action de droit strict que la stipulation ouvre contre eux.

Le serment pourra donc être déféré dans
toutes les actions. Le plaideur qui y a recours
suppose toujours qu'il ne sera pas prêté ; il es-
père que la crainte de commettre un parjure
retiendra son adversaire, soit que celui-ci n'a-
gisse pas de bonne foi, soit qu'il n'ait pas de
son droit une certitude entière. La formule du
serment est donnée par celui qui le défère, et
c'est toujours le contraire de sa prétention

qu'elle exprime. Rien ne sera donc plus variable que l'objet du serment. Ce sera tantôt un
rapport de droit; tantôt un fait : le plus souvent
un rapport de droit; ainsi on peut prêter serment sur l'existence ou la non-existence d'une
dette (1), de la propriété d'un droit de succession (2). Mais on trouve également un grand
nombre de cas où c'est une question de fait qui
est tranchée par cette voie, par exemple : « Mu-
« lierem prægnantem esse in peculio nihil esse
« furtum se non fecisse vendidisse me ei rem
« centum, etc. » (3).

Il est plus dans l'essence du serment de porter sur un rapport de droit. Toutefois, comme le
rapport de droit repose sur des faits, toujours
aussi ces faits se trouvent indirectement établis
par le serment. Réciproquement, le serment
prêté sur des faits établit d'une manière décisive l'existence du rapport de droit qui en dé-
coule (4).

Remarquons qu'entre le serment déféré sur
un fait ou sur l'existence d'un droit, nous
trouvons une opposition semblable à celle
de la *formula in factum*, ou *in jus concepta*.
Seulement, le *jusjurandum* et la *formula* diffèrent en ce que la rédaction de l'une était fixée à

(1) L. 3, pr.; l. 7, pr ; l. 9, pr., n. tit.
(2) L. 9, § 7; l. 11, pr., § 1, n. tit.
(3) L. 13, pr.; l. 80, § 4; l. 3, § 2; l. 13, § 1; l. 26, § 1; l. 3,
§ 3; l. 14, § 6; D., n. tit ; l. 3; C., n. tit.
(4 Savigny, *Syst.*, t. VII.

l'avance, par une règle générale, tandis que les
termes de l'autre sont déterminés dans chaque
espèce par celui qui le défère (1).

Les questions d'état elles-mêmes peuvent
être tranchées en droit romain par la délation
du serment. «Sed etsi de conditione persona-
«rum fuerit juratum, prœtor jusjurandum
«tuebitur (2). On pourra donc jurer «se in po-
«testate non esse, se libertum ejus non esse.»
La puissance du *jusjurandum* était immense.
Il n'aurait cependant pas eu d'efficacité dans
l'espèce suivante : «Si juravero me patronum
«esse, dicendum est non esse me, quantum ad
«successionem, patronum : quia jusjurandum
«patronum non facit. » (3). Le préteur aurait
trouvé par trop inique qu'on pût obtenir une
succession sous prétexte qu'on était le patron
du *de cujus*, sans fournir de preuve de son droit
autre que le serment.

CHAPITRE IV.

A QUI PEUT ÊTRE DÉFÉRÉ LE SERMENT ?

On peut le déférer à tout le monde, parce que
personne n'est incapable de le prêter; mais on
ne peut pas toujours en exiger la prestation.

(1) Puchta, § 173, *Cursus*.
(2) L. 3, § 2; D. n. tit.; l. 13, pr.; l. 30, § 1.
(3) L. 11; D., 37, 1; Cf. l. 13; D., 23, 2.

I. Nous disons d'abord, que tout le monde est capable de jurer. Cela tient à ce que le serment ne nuit jamais à celui qui le prête. Au contraire, « jurantis melior fit conditio. » Ainsi, l'impubère à qui on le défère, le prêtera valablement. « Qui jurasse dicitur, nihil refert cujus « sexus ætatisve sit (1) ». Celui qui a eu confiance dans la bonne foi de l'impubère ne doit s'en prendre qu'à lui-même des conséquences du serment prêté. Une seule objection se présente : peut-on appeler parjure l'acte d'un impubère dont le discernement est quelquefois si faible qu'il peut lui arriver de tromper son adversaire sans s'en rendre compte? Évidemment, non : on ne se parjure pas sans en avoir conscience (2). Or, où le parjure est impossible, le serment ne l'est il pas également? Ce qui lui donne, en effet, son efficacité, n'est-ce pas la crainte religieuse que doit inspirer à son auteur le fait de trahir la vérité devant Dieu? Cette objection n'avait pas arrêté les jurisconsultes romains. Et ils avaient raison de penser que le seul juge, en notre matière, de la raison et de la moralité de l'impubère, c'est celui qui lui défère le serment. Sa capacité, au point de vue du droit, importe peu. Ce que nous disons de l'impubère est vrai des incapables en général.

(1) L. 26, pr.; D., n. tit.
(2) L. 10.; Dig., liv. xxii, tit. 6.

Une seconde conséquence de notre principe,
c'est que l'esclave et le fils de famille peuvent,
en jurant, acquérir au *paterfamilias* une action
ou une exception. Et il n'y a pas à distinguer
ici s'ils ont ou non la libre administration d'un
pécule. Cette distinction n'est utile dans la loi 20
de notre titre, que pour la délation du serment (1). Réciproquement, dans une action
relative au pécule, si le père prête serment, filio
« et patri danda est exceptio jurisjurandi (2). »

II. Nous avons affirmé, en second lieu, que
le serment ne peut pas toujours être exigé.
Nous développerons notre pensée, en faisant
remarquer ;

1° *Que certaines personnes ne sont pas tenues de
jurer.* « Pupillo non defertur jusjurandum, » dit
Ulpien (3). Nous ne croyons pas que cette
proposition soit en opposition avec la loi 26 pr.
de notre titre. Tout ce qu'elle signifie, c'est que
l'impubère n'est pas aussi rigoureusement tenu
de jurer qu'une personne capable (4). S'il refuse, ce n'est pas une raison pour lui d'être
condamné ; car on considère comme non avenus
les actes d'un incapable, qui seraient de nature
à rendre sa condition pire.

(1) L. 23, 24, 25 ; D., n. tit.
(2) L. 26, § 1 ; D., n. tit.
(3) L. 34, § 2, n. tit.
(4) En ce sens, Savigny, *System.*, t. VII.

Les *legati provinciales*, qui, par suite de leur caractère inviolable, étaient dispensés de paraître en justice à Rome, pouvaient aussi, en raison de ce privilége, se refuser à prêter le serment. «Qui non compelluntur Romæ judicium «accipere, nec jurare compellendi sunt » (1). Il en doit être ainsi, puisque le serment *loco litis contestatæ succedit.*

Aulu-Gelle nous apprend que, dans le vieux droit romain, les vestales et le flamine de Jupiter ne pouvaient être contraints de jurer. Et, en effet, le préteur disait dans son édit : «Sacer-«dotem vestalem et flaminem dialem, in omni « mea jurisdictione, jurare non cogam » (2).

Le serment pouvait être déféré au père ou au patron, sauf à ne pas manquer au respect qui leur était dû. Aussi, voyons-nous qu'une af-franchie, devenue l'épouse de son patron, ne peut lui demander de jurer dans l'action *rerum amotarum* formée contre lui (3).

2° *Que nul n'est tenu de prêter serment dans certaines circonstances.*

Nous avons à faire connaître ici ce principe que l'on ne peut forcer quelqu'un à jurer sur des faits qui ne lui sont pas personnellement connus. Nous trouvons, dans les textes, diverses applications de cette règle éminemment rai-

(1) L. 35, § 2, h. tit.; l. 28, § 2; D , 5, 1.
(2) Gellius, 10, 15.
(3) L. 16; D., h. tit.

sonnable. Ainsi on ne sera jamais contraint
d'affirmer avec serment « que son adversaire a
commis un vol (1); qu'on n'est pas obligé de
livrer un esclave, lorsque l'existence de cet
esclave est incertaine que celui dont on est
l'héritier n'a pas passé un contrat (2). » En pareils cas, le serment pourra quelquefois être
utilement référé. D'autres fois, il y aura lieu
d'accorder un délai, afin de constater l'état des
choses (3). Et si l'un de ces moyens ne permet
pas de sortir d'embarras, il ne sera pas donné
suite à la délation de serment.

Le serment peut-il être exigé des personnes
qui agissent pour autrui? Il n'est pas douteux
que les *défenseurs et les procuratores* jurent valablement, si le serment leur est déféré, et acquièrent ainsi au maître de l'affaire l'exception
jurisjurandi. C'est ce qu'Ulpien et Julien nous
affirment (4). Mais, d'après les mêmes auteurs,
ils seront toujours libres de ne pas jurer : « pro-
« curator non compellitur jurare, nec defensor,
« sufficere que ad plenam defensionem si para-
« tus sit judicium accipere (5). » Cette solution
est évidemment une conséquence de notre principe, et nous y aurions été amenés même en
l'absence de texte d'Ulpien.

(1) L. 31, pr., h. tit.
(2) Paul, II, 1, § 1.
(3) Savigny, *System.*, t VII.
(4) L. 9, § 6; D., h. tit.
(5) L. 31, § 3; D., h. tit.

CHAPITRE V.

PROCÉDURE DU SERMENT.

Que nous nous placions devant le prêteur, devant le juge, ou en dehors de toute instance, ce
qu'il importe de remarquer d'abord, c'est que le
serment n'a de valeur qu'autant qu'il ait été
déféré. Sur ce point, qui ne peut faire aucun
doute, Ulpien s'exprime ainsi : « ait prætor : si is
« cum quo agetur, conditione delata, juraverit,
« eum cum quo agetur accipere debemus ipsum
« reum. Nec frustra adjicitur conditione delata;
« nam si reus juravit nemine ei jusjurandum
« deferente prætor id jusjurandum non tuebi-
« tur : sibi enim juravit : alioquin facillimus
« quisque ad jusjurandum decurrens, nemine
« sibi deferente jusjurandum, oneribus actio-
« num se liberabit (1).

Le serment trouve donc sa force dans la délation qui en a été faite à celui qui le prête par
son adversaire. Une fois qu'il a été déféré, que
va faire la partie à la bonne foi de laquelle il
est fait appel? Elle prendra suivant les cas, l'un
de ces quatre partis : jurer, référer le serment,
refuser de le prêter, déférer le *jusjurandum de
calumnia.*

(1) L. 3, pr.; D., h. tit.

1° *Jurer.* C'est ce que peut faire de mieux le plaideur sûr de son droit. Le serment lui offre un moyen facile d'obtenir gain de cause. « Quacunque quis actione conveniatur, si juraverit, proficiet ei jusjurandum (1). » Il est à remarquer toutefois, qu'il resterait sans efficacité, s'il n'était pas exactement prêté dans les termes voulus par l'adversaire. Si donc je vous ai déféré le serment *ut per Deum jurares* et que vous ayez juré *per caput tuum vel filiorum tuorum*, ce serment sera considéré comme non avenu et il en faudra prêter un nouveau : car « jurare oportet ut delatum est jusjurandum (2). » Cela est parfaitement raisonnable, l'emploi de certaines formules pouvant être la condition de la confiance de l'adversaire en la parole de celui qui jure.

Quant au point de fait, ou de droit sur lequel doit porter le serment, il appartient au juge de le déterminer si les partis ne sont pas d'accord à cet égard et de rédiger lui-même la formule du serment. « Si de qualitate juramenti fuerit inter partes dubitatum, conceptio ejus in arbitrio judicantis erit (3). »

Celui à qui le serment est déféré ne le prêtera pas toujours immédiatement. Il peut se faire qu'il se contente d'abord d'accepter de jurer.

(1) L. 3, § 1; D., n. tit.
(2) L. 3, § 1; l. 1; l. 5; D., n. tit.
(3) L. 31, § 3; D., n. tit.

Jusqu'à cette acceptation, il n'est pas douteux qu'il n'y a entre les parties rien de fait, et que celui qui a déféré le serment peut retirer son offre. Mais le peut-il encore après l'acceptation ? Il faut répondre négativement. Une fois la convention formée, celui qui y a eu recours ne peut renoncer au serment et faire valoir d'autres moyens de preuve. Et si, avant l'acceptation, il retire l'offre de jurer, il ne lui sera pas permis de revenir ensuite au serment, quand il se verra sur le point de succomber par suite de l'insuffisance de ses nouveaux moyens. « Satis « enim absurdum est redire ad hoc, cui renun- « ciandum putavit (1). » Réciproquement, s'il n'a pas été donné suite à une délation de serment, l'offre sera considérée au bout d'un certain temps comme tacitement retirée, et celui qui n'en a pas profité immédiatement ne pourra plus jurer que sur une nouvelle délation (2).

Lorsque l'offre du serment a été acceptée, un fait peut se produire qui en rend la prestation inutile. Nous voulons parler de la remise du serment. Qu'est-ce que remettre le serment ? Paul répond à cette question : « Remittit jusju- « randum qui, deferente se, quum paratus es- « set adversarius jurare, gratiam ei facit (3). » L'intention de jurer exprimée par l'adversaire

(1) L. 11 ; C., n. tit.
(2) L. 5, § 4 ; D., n. tit.
(3) L. 6 ; D., n. tit.

est ici acceptée comme une aussi bonne preuve de sa conviction que le serment lui-même. La remise équivaut donc au serment prêté; elle donne également à celui qui l'obtient une action ou une exception (1).

Faire remise du serment, c'est rendre sa condition pire; c'est, en effet, renoncer à l'espoir qu'on peut conserver jusqu'au bout, de voir son adversaire reculer devant la solennité du serment. Il n'est donc pas étonnant qu'il faille, pour remettre le serment, la même capacité que pour le déférer (2). La remise n'exige d'ailleurs aucune forme spéciale. Elle peut être faite, nous dit Labéon, en présence ou en l'absence de l'adversaire, verbalement ou par écrit, et elle produit tous ses effets, lors même que l'adversaire n'en aurait pas connaissance (3). Elle résulte uniquement du concours de ces deux conditions : l'acceptation par l'une des parties de la proposition qui lui est faite de prêter serment, et la déclaration de l'autre partie, qu'elle se contente de cette acceptation.

2° *Référer le serment.* C'est le parti à prendre pour une personne qui, sans renoncer à ses prétentions, hésite cependant à fournir une affirmation dont la solennité l'effraie. A un ad-

(1) L. 9, § 1; D., h. tit.
(2) L. 34; D., h. tit.
(3) L. 11; D., h. tit.

versaire qui lui dit, par exemple : « Jurez que vous ne me devez rien, » elle répond : « Jurez vous même que je suis votre débiteur, et je consens à ajouter à votre parole la même foi que vous auriez mise à me croire. » Ce procédé est d'une loyauté parfaite (1). Comment celui qui a fait la première proposition du serment pourrait-il trouver mauvais que l'offre de jurer lui soit retournée par son adversaire? Lorsqu'un demandeur refuse de prêter le serment qui lui est référé, le préteur ne lui donne pas d'action : et c'est avec grande raison, dit Ulpien, « Quum « non deberet displicere conditio jurisjurandi « ei qui detulit (2). »

Le serment référé sera ordinairement l'exacte contre-partie du serment déféré. Cependant voici ce que nous lisons dans la loi 34, § 8, de notre titre : « Non semper consonans est per « omnia referri jusjurandum quale defertur : « forsitan ex diversitate rerum vel personarum « quibusdam emergentibus, quæ varietatem « inducunt. » Des circonstances de fait ou de personne ne permettent donc pas toujours de référer le serment tel qu'il a été déféré. Pothier en donne pour exemple les hypothèses suivantes : le serment a été déféré *per salutem Cæsaris.* Au moment où on le réfère, César est

(1) L. 23, § 1; D., 13, 5. « Nemo dubitabat moderatius facere « qui referat, quam ut ipse juret. »
(2) L. 34, § 7; D., h. tit.

mort. On sera contraint de chercher une autre
formule. Un Juif a dit à son adversaire : « Jurez
par Jupiter. » Il serait ridicule et dangereux de
lui retourner l'offre de serment dans les mêmes
termes. Ce qui est plus pratique et qu'il importe de remarquer, c'est que, dans bien des
cas, la partie qui a recours au serment n'a pas
personnellement connaissance des faits sur lesquels elle invite son adversaire à jurer. Vous
me faites un procès sous prétexte que mon père
vous avait emprunté cent sous d'or. Je puis me
défendre en vous disant : « Jurez que mon
père vous devait véritablement cette somme. »
Mais vous ne pouvez me référer le serment sur
cette question. Car la dette contractée par mon
père est un fait qui m'est étranger et dont je
n'ai peut-être aucune connaissance.

Le serment référé n'obligerait pas davantage
que le serment déféré les personnes que nous
avons énumérées plus haut comme ne pouvant
être contraintes à jurer (1).

Ajoutons que, dans deux cas, à raison de la
nature et du caractère du litige, la personne
appelée à jurer n'aura pas le droit de rejeter
sur l'adversaire l'obligation du serment. Nous
voulons parler du voleur et de l'époux poursuivi par l'action *rerum amotarum*. En présence
de l'accusation infamante qui est dirigée contre

(1) Chap. 4.

elles, on ne peut admettre que ces personnes
hésitent à profiter d'un facile moyen de se dis-
culper, si elles ne sont vraiment coupables.

Sauf les restrictions que nous venons d'indiquer, la règle est que le serment peut toujours
être référé. Les personnes capables de le déférer ont seules qualité pour renvoyer à leur
adversaire l'offre de jurer qu'il leur a faite. Un
impubère ne le pourrait pas, parce que ce serait rendre sa condition pire.

Extrajudiciairement, le serment référé, est-
il besoin de le dire ? n'a rien d'obligatoire. En
justice il mérite tout à fait le nom de *jusjurandum necessarium*. Il ne laisse pas en effet d'autre
alternative à la partie que de jurer ou de perdre
son procès, *causa cadere*. Celle ci n'aurait pas
même la ressource de déférer à l'adversaire le
jusjurandum calumniæ dont nous allons parler
ci-dessous.

Il nous reste à dire, à propos du serment
déféré, que si les parties ne s'entendent pas
sur la conception de sa formule, le juge en
fixera lui-même les termes (1).

3° *Déférer à l'adversaire le jusjurandum calumniæ*. C'est lui dire : « J'accepte l'appel que vous
faites à ma loyauté, mais à condition que vous
me donniez une preuve de la vôtre, en jurant

_____

(1) L. 34, § 8; D. n. tit.

vous-même tout d'abord que ce n'est pas par
esprit de chicane que vous me défé ez le serment. » De cette manière, on met toutes les
bonnes chances de son côté. Car, si l'adversaire
ne consent pas à jurer *de calumnia*, ce refus
équivaut à la remise, et par suite à la prestation même du serment (1). Et s'il prête ce premier *jusjurandum*, on n'en reste pas moins libre
de prêter le serment par lui déféré et maître
par conséquent du débat.

On ne peut demander à une personne qui
réfère le serment de jurer *de calumnia*; car la
relation même du serment est de sa part une
preuve suffisante de loyauté : « Nec est ferendus
« actor, si conditionis quam ipse detulit de
« calumnia velit sibi jurari (2). »

Déférer le serment *de calumnia*, c'est mettre
en doute la bonne foi de son adversaire. Aussi
voyons-nous qu'on s'était demandé si ce serment peut être imposé au père et au patron.
Et on résolvait la question négativement. C'est
ce qui apparaît dans plusieurs textes (3). Ainsi
d'après la loi 16, n. tit. le patron qui défère le
serment dans une action *rerum amatorum* à son
affranchie devenue son épouse, *de calumnia jurare
non debet*. Et la loi 7, § 3, D. 37, 15 pose en
principe au sujet des parents que : « Nec defe-

(1) L. 34, § 4, et l. 37; D., n. tit.
(2) L. 34, § 7; D. n. tit.
(3) L. 13, § 14; D., 39, 2.

« rentes jusjurandum de calumnia jurant. »
En présence de ces textes, qui ne laissent aucune place au doute, on s'étonne de lire dans la
loi 34 de notre titre : « Jusjurandum de calum-
« nia neque patrono remittitur. » Cette dernière affirmation est d'autant plus singulière
que la loi 34 est d'Ulpien, comme les précé-
dentes. Il est bien difficile d'admettre qu'il se
contredise lui-même d'une manière aussi fla-
grante sur une question qui ne peut donner
lieu à de grandes hésitations. Aussi les principaux commentateurs s'accordent-ils à dire que
la loi 34 est le résultat d'une erreur de copiste.
Cujas efface le *neque* qui donne au texte un sens
monstrueux : *portento simile est.* Cette correction
ne paraîtra pas arbitraire si l'on se reporte à la
version des *basiliques.* Nous y trouvons, en
effet, ces mots : ον ουκ ομνυσι πατηρ η πατρων. D'autre
part, le *codex Noricus* donne, telle sans doute
qu'elle doit être restituée, la phrase suivante :
« Hoc jusjurandum de calumnia æque patrono
« æque parentibus remittitur. » Il n'y a rien
d'impossible à ce qu'un scribe inintelligent
écrive *neque* au lieu de *æque* (1).

4° *Refuser de jurer.* Lorsque le serment m'est
déféré, si je ne veux pas le prêter, c'est sans
doute que je n'ai pas moi-même une foi bien

_____

(1) Cujas, op., t. V, 644, E; Cf. Godefroid. Pothier, Baldus,
Contra : Noodt.

4

grande en l'existence de mon droit, et si je ne
consens pas non plus à le référer à mon adversaire, je lui témoigne par là une méfiance qui
répond mal à la loyauté de sa conduite à mon
égard. Aussi le jurisconsulte Paul nous dit-il :
« Manifestæ turpitudinis et confessionis est
« nolle nec jurare nec jusjurandum referre (1).
Le refus de jurer équivaut à un aveu. Or, celui
qui avoue se condamne lui-même : *confessus pro
judicato habetur* (2).

Le refus du serment entraîne donc la condamnation de celui qui ne veut pas non plus le
référer. *Jurare aut solvere cogam*, dit le prêteur (3).
Est-ce à dire que je ne puisse jamais avoir de
motifs sérieux de refuser de jurer, et que le magistrat ne m'en dispensera jamais? La réponse
est qu'on ne peut se soustraire à l'obligation de
prêter un serment régulièrement déféré. Or le
serment ne peut être régulièrement déféré à
certaines personnes dont il a été question plus
haut (4). Nous avons vu également qu'on ne
peut le déférer à quelqu'un sur des faits qui ne
lui sont pas personnellement connus. La partie
sommée de jurer sera donc admise à exciper
soit de sa qualité personnelle qui l'affranchit de
l'obligation de prêter serment, soit de l'igno-

(1) L. 38; D., tit.
(2) L. 3; D., 42, 2.
(3) L. 34, § 6; D.; h. tit; l. 9; C. n. tit.
(4) Chap. 4.

rance où elle est des faits qu'il s'agit d'élucider (1).

Deux questions nous restent à examiner au sujet du refus de prêter serment.

La première est de savoir si on a le droit de se refuser à jurer, sous prétexte qu'on ne peut pas, dans l'espèce, référer le serment? Par exemple, le fait sur lequel porte le serment est personnel au défendeur qui doit jurer, et le demandeur n'en a aucune connaissance.

Pour l'affirmative, on a essayé d'argumenter *a contrario* de la loi 34 pr. de notre titre. « Celui, dit cette loi, » à qui on défère le serment, ne peut se plaindre, *quæ possit jurisjurandum referre*. Il pourra donc se plaindre dans le cas où il n'aurait pas la ressource de retourner le serment à son adversaire.

Dans l'opinion contraire, on soutient avec raison que la délation de serment ne peut être privée de son effet habituel sous un prétexte que la loi ne reconnaît pas. A l'argument tiré de la loi 34, on répond que la grande raison pour laquelle celui qui reçoit une délation de serment ne peut se plaindre, c'est que son adversaire le fait juge en sa propre cause (2).

Notre seconde question est plus importante;

(1) Puchta (*Cursus der Inst.*, vol. I, § 155) donne des détails d'un grand intérêt sur les exceptions qui peuvent être opposées à la délation de serment.
(2) L. 1, pr.; D , 44 5.

elle consiste à se demander si on pourrait se dispenser de jurer en offrant de faire la preuve de
son droit? Ce qui porterait à le croire, c'est un
passage de Quintilien où il nous dit qu'un
homme de bien aimera mieux prouver ce qu'il
affirme que de laisser soupçonner par qui que
ce soit l'honnêteté de son serment... « Itaque
« hominem quidem malum occupaturum hanc
« conditionem fuisse; se autem probare mallo
« quæ affirmet quam dubium cuiquam relin-
« quere an pejerarit (1). » Ce texte a été diversement interprété. Notre opinion est qu'on n'en
peut tirer un argument sérieux. Quintilien nous
dit qu'un honnête homme préférera prouver
que jurer ; cela ne signifie pas absolument qu'il
en aura le choix. Quelques auteurs résolvent
la question au moyen d'une distinction. « Il ne
s'agit pas, devant le magistrat, dit Zimmern,
d'administrer des preuves; le serment qui s'y
fait n'a pour but que de constituer un droit, et
c'est ce qu'a voulu l'édit prétorien ; celui à qui
le serment est déféré, conformément à cette
idée, ne peut donc échapper au serment par
une preuve. *In judicio* il en est autrement : ici
le serment n'est qu'un des moyens destinés à la
découverte de la vérité, et comme les moyens
d'instruction doivent être abandonnés à la sagesse du juge, il doit dépendre de lui de per-

(1) *Instit. orat.*, liv. v, 6.

mettre la délation, il peut le déférer lui-même ou permettre la preuve à celui à qui le serment est déféré. C'est donc du serment déféré *in judicio* que l'on doit entendre le passage de Quintilien (1). » Nous aurons l'occasion de revenir sur cette opinion qui ne nous paraît pas admissible.

CHAPITRE VI.

FORMES DU SERMENT.

Le caractère religieux et formaliste du vieux droit romain se manifeste au plus haut degré dans les rites singuliers dont il voulait que la prestation du serment fût accompagnée. Le serment devait être reçu au Capitole. Celui qui le prêtait tenait dans sa main une pierre, qu'il laissait tomber, après avoir affirmé son droit, en prononçant l'imprécation suivante : « Si « sciens fallo me Diespiter salva urbe arcceque « bonis ejiciat ut ego hunc lapidem (2). »

Peu à peu l'usage de ces formalités imposantes disparut. L'union, jadis si étroite, de la religion et du droit se relâcha insensiblement avec les progrès de celui-ci. On cessa de se rendre, pour jurer, dans le temple de Jupiter, et son nom ne fut plus seul invoqué dans la

---

(1) Zimmerm, *Traité des actions*, § 127, note 15 (traduction Etienne); Cf. Bonjean, *Traité des actions*, p. 196, t. I.

(2) Pline, lib. II, cap. 7; Plutarque, *Sylla*.

formule du serment; on finit par arriver d'une
rigueur extrême à une tolérance également excessive. Nous voyons, en effet, qu'à l'époque
classique le serment était prêté sans pompe et
dans la forme qu'il plaisait aux parties de choisir. Un acte essentiellement religieux à son origine était devenu surtout conventionnel. Sans
doute c'était encore sous l'invocation de la Divinité, que l'on jurait le plus souvent; mais le
préteur aurait également admis un serment
prêté « per salutem tuam, per caput filiorum,
« per genium principis » Nous trouvons dans
les textes et dans les auteurs littéraires les formules les plus variées; les parties pouvaient
même faire intervenir une superstition particulière (1). Tout ce qu'on leur demandait, c'était
de ne pas recourir à l'invocation d'un culte pu-
bliquement réprouvé. Cette exception avait sans
doute en vue la religion chrétienne du temps
d'Ulpien, qui nous la fait connaître (2). Et quand
le christianisme fut devenu la religion de l'empire, elle eut pour effet d'exclure de la prestation du serment les formules païennes.

Quelle que soit la *conceptio jurisjurandi*, et lors
même que Dieu n'est pas nommé, on peut dire
qu'elle contient toujours au fond une attestation
de la Divinité; c'est ce qu'Ulpien nous fait observer : « Qui per salutem suam jurat, licet per

(1) L. 5, § 1; D., n. tit.
(2) L. 5, § 3; D., n. tit.

« Deum jurare videtur (respectu enim divini ju-
« ris ita jurat); attamen si non ita specialiter ei
« jusjurandum delatum est, jurasse non vi-
« detur (1). »

Le choix de la forme du serment appartient
à celui qui le défère; il doit être prêté exactement dans les termes proposés. Si donc je vous
avais dit : « Jurez par Jupiter, » et que vous
ayez juré *per caput tuum*, la prestation de serment ne serait pas valable et devrait être renouvelée dans la forme que j'avais indiquée (2).

Régulièrement le serment doit être prêté devant le tribunal du juge ou du préteur. Seulement, dans des circonstances particulières, il
sera reçu à domicile; c'est ce qui aura lieu si la
personne appelée à jurer est retenue par la maladie, ou si elle rentre dans la catégorie des *per-
sonæ egregiæ* (3). Justinien dispense également
de la nécessité de comparaître en justice, pour
y prêter le serment, les évêques, certains clercs
et enfin les femmes respectables « quæ propter
« honestatem vitæ extraneis viris se monstrare
« non consueverunt (4). » Les évêques jurent
ou plutôt fournissent l'affirmation qu'on leur
demande dans les églises, la main sur le livre
des saintes Écritures.

(1) L. 33 ; D., h. tit.
(2) L. 3, *in fine* ; l. 4; l. 5; D., h. tit.
(3) L. 15; D., h. tit.
(4) Nov. 123, cap. 7 et 124, cap. 1.

CHAPITRE III.

EFFETS DU SERMENT.

Les effets du serment déféré par la partie varient suivant qu'il est judiciaire ou extrajudiciaire. Le rôle du serment judiciaire lui-même
n'est pas devant le tribunal du juge le même
que devant celui du préteur. Après avoir traité
des conséquences générales du serment prêté, il
nous restera donc à étudier les effets spéciaux
qui en découlent lorsqu'il est extrajudiciaire,
lorsqu'il est déféré devant le préteur, lorsqu'il
est reçu par le *judex.*

§ 1. *Effets généraux.*

Nous avons, en étudiant la nature du serment,
reconnu qu'il présente les caractères les plus
divers; il sert de preuve, il tient lieu de jugement, il constitue une sorte de transaction, il
offre des analogies avec le paiement, l'acceptilation, la novation, la constitution. De sa res-
semblance avec ces différents actes, nous pouvons maintenant déduire ses effets.

D'abord c'est un moyen de preuve (1). Ce qui

(1) L. 11, § 3; D., n. tit.

a été juré est réputé certain ; la preuve contraire
n'est pas admise. « Post rem judicatam, vel ju-
« rejurando decisam, vel confessionem in jure
« factam nihil quæritur (1). » L'adversaire n'a
pas le droit de mettre en doute la véracité du
serment. Si on discute, ce ne peut être que sur
le fait même du serment : « Unum quæritur, an
« juratum sit (2). »

Un voit qu'il y a dans la nature de la preuve
par serment quelque chose d'absolu ; elle met
fin au débat et en fournit la solution. C'est par
son caractère décisoire que le serment prêté se
rapproche du jugement. Les textes nous disent
qu'il en tient lieu : « vicem rei judicatæ obti-
« net (3), » et qu'il a une efficacité plus grande
encore : « Majorem habet auctoritatem quam res
« judicata (4). »

La première de ces propositions ne soulève
aucune difficulté. Il suffit, pour la justifier, de
remarquer que le serment produit tous les effets
du jugement. Ainsi il interrompt la prescription
comme la *litis contestatio* : « Si is qui tempo-
« raria actione mihi obligatus erat detulerit
« jusjurandum, ut jurem dare eum oportere,
« egoque juravero, tempore non liberatur :
« quia post litem contestatam perpetuatur ad-

(1) L. 56; D., 42, 1.
(2) L. 5, § 2; l. 9, § 1; l. 28, § 10; D., n. tit.
(3) L. 1; D., 44, 5.
(4) L. 2; D., n. tit.

« versus cum obligatio (1). » Il ouvre, au profit
de celui qui l'a prêté, les mêmes voies de droit
que le jugement. Est-ce le défendeur qui jure,
il a contre la demande une exception *jurisjurandi*
analogue à l'exception *rei judicatæ*. Est-ce le
demandeur, il acquiert une action *ad similitudinem judicati* (2).

La force du serment égale donc celle de la
chose jugée. Notre seconde proposition consiste
à dire que son autorité surpasse celle d'un jugement. Pour comprendre cette assertion, il faut
partir de cette idée que, le serment étant un
pacte, dépend du droit des gens ; au contraire,
l'autorité de la chose jugée est une institution
toute positive du droit civil. Lorsqu'on défère le
serment, on manifeste par là même l'intention
de s'en rapporter à l'affirmation de son adversaire. Il ne serait ni honnête ni raisonnable de
venir ensuite contester la véracité du serment
prêté et entreprendre de se soustraire à ses
effets. Lors donc qu'un serment a été régulièrement prêté, il constitue entre les parties une
vérité inattaquable, contre laquelle la partie
lésée n'a aucune ressource, ni l'appel, ni la
replicatio perjurii.

La présomption résultant du serment est tellement radicale que l'allégation même du parjure ne saurait l'infirmer. On ne peut pas plus

----

(1) L. 9, § 3 ; D., n. lit.
(2) L. 8 ; C., n. lit.; Cf. Puchta, *Cursus*, II, § 173.

reprocher à son adversaire d'avoir trompé que
de s'être trompé ; ce serait également revenir
sur une convention qui doit faire la loi des parties. Labéon pensait cependant que l'action *de
dolo* pouvait servir à réparer le parjure (1) ; mais
Pomponius le reprend de cette erreur en faisant
valoir le caractère transactionnel du serment.
Marcellus veut aussi qu'on s'en tienne à ce qui
a été juré : *stari religioni debet.* L'évidence même
du parjure resterait donc sans influence sur le
procès civil ; il ne pourrait être renouvelé par
suite de la découverte de nouveaux instru-
ments (2). « Adversus exceptionem jurisjurandi
« replicatio doli mali non debet dari : quum
« prætor id agere debet ne de jurejurando cu-
« jusquam quæratur (3). »

Après avoir posé une fois de plus le principe,
la l loi de notre titre au Code annonce une exception : « Causa jurejurando ex consensu utrius-
« que partis vel adversario inferente delato et
« præstito, vel remisso decisa : nec perjurii
« prætextu retractari potest : nisi specialiter hoc
« lege excipiatur. » Quel peut être le cas spécial
prévu par la loi auquel il est fait allusion ? Nous
le découvrirons bientôt dans une constitution
de Justinien qui forme la dernière loi de notre
titre au Code. Pour Doneau, la question n'est

(1) L. 21 ; D., 4. 3.
(2) L. 31 ; D., n. tit.
(3) L. 15 ; D., 44,1.

pas aussi simple; il ne comprend pas que les
derniers mots du texte sont une addition faite
par les compilateurs. Comme Antonin, l'auteur
de la constitution, ne pouvait prévoir l'exception
introduite par Justinien, il en cherche une
autre, il ne la trouve pas. Alors il lui vient à
l'esprit de dire qu'il faut traduire *lege* non par
loi, mais par convention. Si donc les parties
avaient *convenu* que le serment sera nul au cas
de parjure, cette convention s'exécutera (1).
Pour réfuter la singulière interprétation de Doneau, nous n'aurons qu'à expliquer la loi 13 de
notre titre au Code. Voici l'espèce qu'elle prévoit. Quelqu'un réclame, comme s'il lui avait
été laissé un legs ou un fidéicommis. Sur l'invi-
tation de l'héritier, qui n'a pas à sa disposition
le testament, il jure qu'il est vraiment légataire
ou fidéicommissaire et obtient ainsi ce qu'il demandait; plus tard le testament reparaît et on
prouve que le prétendu légataire n'avait aucun
droit. On se demandait autrefois, dit Justinien,
si on le laisserait jouir en paix du fruit de son
parjure ou si on le forcerait de restituer. Nous
sommes convaincu que les anciens jurisconsultes ne faisaient pas, pour notre espèce, d'exception au principe ; mais Justinien s'indigne

---

(1) Doneau, *Ad leg.*, 1, n. tit. « Hæc igitur exceptio est si juri-
« jurandum delatum sit nominatim hac lege interposita ut per-
« jurio postea prodato causam retractare liceret, convenio ser-
« vanda est. »

que le parjure puisse devenir une cause de
lucre, et il décide que l'héritier pourra réclamer
ce qui a été indûment exigé de lui : nous ne
ferons que nous ranger à l'opinion de Savigny
en disant que cette disposition est une innovation de Justinien (1). Elle peut s'expliquer par
cette idée que la volonté du testateur doit être
respectée. Or cette volonté serait, dans l'espèce,
indignement violée si le faux légataire retenait
quelque chose de l'hérédité. Une interprétation
plus juridique a été proposée par des jurisconsultes désireux de concilier la décision de Justinien avec les principes de notre matière ; ils
présentent la solution donnée au texte comme
une conséquence de cette règle de droit : que
les difficultés soulevées à propos d'un testament
ne peuvent faire l'objet d'une transaction tant
qu'on ne connaît pas le contenu et les termes
mêmes de l'acte. Or le serment est une transaction. Donc, dit-on, il n'aurait pas dû être
déféré dans notre espèce, et sa prestation doit
rester inefficace. Ce raisonnement, que nous
empruntons à la glose d'Accurse, est repoussé
par Cujas (2), et Doneau (3). Si cette explication
était la bonne, dit ce dernier, Justinien n'aurait
pas eu besoin de faire une constitution pour
proclamer une exception déjà admise par l'an-

(1) *System.*, t. VII.
(2) Com. in., tit. 1 ; C., *De rebus creditus.*
(3) Doneau, *Ad leg. ult.*; C., 4, 1.

cien droit; or, il ne paraît pas qu'elle ait été reconnue avant lui.

Sauf l'innovation de Justinien, le parjure ne donne ouverture à aucune action civile; ne pourra-t-il pas du moins être poursuivi par la voie criminelle? On le croirait à entendre Paul. Il faut s'en tenir à la religion du serment, parce que, dit-il, *sufficit perjurii pœna* (1). Or, nous ne voyons guère qu'un seul cas où des peines aient été édictées contre l'auteur du parjure; c'est le cas où le faux serment avait été prêté *per genium principis*. Les princes crurent de leur honneur de ne pas laisser impuni l'homme qui avait pris leur nom en vain. Ils voulurent qu'il fût soumis au supplice de la fustigation, et que le bourreau en accompagnât l'exécution de ces mots prononcés à haute voix : *temere ne jurato* (2). Cette peine n'était pas appliquée quand le serment n'avait pas été prêté de sang-froid, mais sous le coup de la passion et par un mouvement irréfléchi (3). Lorsque le nom du prince n'avait pas été prononcé dans la formule du serment, on abandonnait aux dieux le soin de châtier le parjure : « Jurisjurandi contempta religio satis « Deum ultorem habet (4). » C'était à eux que l'injure était faite, à eux d'en tirer vengeance (5).

(1) L. 21 ; l. 22; D., 4, 3.
(2) L. 13, § 6; D., h. tit.
(3) L. 2; C., h. tit.
(4) L. 2; C., h. tit.
(5) Tacite, Annal., lib. t.

Il paraît que la crainte de la colère céleste n'é-
galait pas celle des pénalités édictées par les
empereurs; c'est du moins ce qui résulte de
l'exclamation suivante de Tertullien : « Citius
« apud vos per omnes Deos quam per genium
« principis juratur (1). »

Nous pouvons résumer les développements
qui précèdent en disant : de la nature conventionnelle du serment résulte que ses effets sont
absolument irrévocables entre les parties ; ils ne
sont pas, comme ceux du jugement, susceptibles d'être infirmés par la voie de l'appel, et
cela, lors même qu'on offrirait la preuve du parjure. Ainsi se trouve justifiée la proposition :
« Jurata majorem quam judicata res auctorita-
« tem habet. »

Suivant quelques auteurs, la supériorité de
puissance du serment se manifeste à un second
point de vue. Il peut arriver qu'un juge rende
une sentence inique, par exemple qu'un *verus
debitor* soit absous. Les docteurs dont nous par-
lons enseignent que, le jugement mal rendu
laisse subsister à la charge du débiteur qui aurait dû être condamné, une obligation naturelle. Il en résulte que s'il paie, il ne sera pas
admis à exercer la *condictio indebiti*. Nous ne dis-
cuterons pas ici une opinion qui a soulevé
contre ses partisans (2) les plus illustres roma-

---

(1) *Apologet.*, cap. 18, *in fine*.
(2) Cujas, lib. III; *Quæst Pauli*, *Ad leg.* 60, *De condictione Inde-*

nistes (1). Nous devons seulement remarquer
qu'elle conduit ceux qui l'admettent à signaler
une différence de plus entre les effets du serment et ceux de la chose jugée. Il est, en effet,
reconnu universellement que le serment fauss-
sement prêté ne laisse pas subsister d'obligation naturelle. C'est là un point qui est formellement établi dans les textes.

Supposons donc qu'un *debitor verus* a juré
qu'il ne doit pas. Plus tard, il effectue le payement. Pourra-t-il répéter ? Oui, d'après la loi
40, D. n. tit. : «Solutum repeti potest : quum,
«interposito jurejurando, ab omni controversia
«discedatur.» La même idée se trouve exprimée
dans la loi suivante: «Si quis jurasset se dare
«non oportere, ab omni contentione discedetur :
«atque ita solutam pecuniam repeti posse di-
«cendum est (2).» La loi 42, D. n. tit. ne se
contente pas d'indiquer l'effet du principe, elle
l'énonce lui-même à propos d'une hypothèse
particulière : « Naturalis obligatio hac pactione
«tolletur, et soluta pecunia repeti poterit.»
Enfin, voici un texte de Papinien, qui se montre encore plus explicite : « Naturalis obligatio,
«ut pecuniæ numeratæ, ita justo pacto vel jure-
«jurando ipso jure tollitur; quod vinculum

blli; Savigny, *System.*, V, p. 375, et *Obligationenrecht*, I, p. 280;
Schvanert, p. 413; Cf. Fein, Puchta.
  (1) Doncau, *Com.*, XIV, 12; Machelard, *Oblig. nat.*, p. 414;
Demangeat, *Éléments*, II, p. 683; Vangerow, *Lehrbuch*, I, § 173.
  (2) L. 43; D., 12, 6.

« æquitatis quo solo sustinebatur conventionis
« æquitate dissolvitur ; ideoque fidejussor, quem
« pupillus dedit, ex istis causis liberari dicitur » (1).

L'extinction de l'obligation naturelle par le
fait du serment entraîne les conséquences suivantes : 1° ce qui aura été payé pourra être ré-
pété ; 2° les gages seront affranchis ; 3° les fidéjusseurs seront libérés ; 4° la dette ne pourra
plus donner lieu à une compensation.

Quelque radical que soit l'effet du serment,
nous n'irions pas jusqu'à autoriser la répétition
de ce qui a été payé après le serment, sciemment et en connaissance de cause. « Celui qui
après avoir eu la faiblesse de commettre un
parjure, dit M. Machelard, reconnaîtrait sa
faute et aurait le courage de la réparer, acquit-
terait ce qu'il doit réellement, sauf qu'il n'y a
pas de preuve possible à son encontre, indé-
pendamment de son aveu. Il ferait acte de débiteur et non de donateur » (2).

Nous penserions encore avec le même auteur
que l'ancienne obligation conserve la force nécessaire pour donner lieu à une expromission, à
un constitut, à une fidéjussion, à une hypothèque.
En un mot, la volonté du débiteur qui s'oblige
plus fortement, ou celle d'un tiers qui consent à
garantir sa dette pourront rendre une certaine

(1) L. 95, § 4 ; D., 46, 3.
(2) *Oblig. nat.*, 2e partie, § 3.

5

efficacité à l'obligation. Elle est éteinte, en ce
sens que si le débiteur refuse de la reconnaître
et ne revient pas lui-même sur son serment, elle
ne pourra en aucune façon lui être opposée par
le créancier. Ainsi elle ne sera pas susceptible
de produire une compensation (1).

Nous terminerons cet aperçu sur les effets généraux du serment en disant avec Savigny
qu'il exerce sur les rapports de droit une forme
de transformation. C'est par ce caractère qu'il
mérite d'être comparé au paiement, à l'acceptilation, à la novation, au pacte de constitut (2).
Il est tellement dans sa nature d'absorber en lui
tout le passé, que si plusieurs jugements con-
tradictoires avaient été prêtés successivement,
le dernier seul serait valable (3); et si le serment était déféré par une personne qui aurait
pu se prévaloir d'une prescription *longi temporis*
accomplie, le bénéfice de cette prescription serait perdu pour elle. Cette dernière hypothèse
est prévue par Julien, dans un texte qu'Ulpien
nous rapporte : «Julianus ait cum qui juravit
«fundum suum esse post longi temporis prae-
«scriptionem etiam utilem actionem habere» (4).
Voici exactement ce que Julien suppose : un
possesseur repousse une action en revendica-

(1) En ce sens : Cauvet, *Dissertation sur les oblig. nat. en droit
romain.*
(2) *System.*, VII, §
(3) L. 28, § 10; L. 29, D., h. tit.
(4) L. 13, § 1; D., h. tit.

tion sous prétexte que la *longi temporis præscrip-tio* lui est acquise, et que le demandeur n'est pas propriétaire. Mais, au lieu de se contenter d'invoquer cette prescription, et surtout d'attendre la preuve de la propriété, il défère le serment au demandeur, et celui-ci jure que le fonds lui appartient. Par là se trouve acquise au profit du revendiquant une action *de jurejurando* que Julien appelle utile. Le possesseur, en effet, ne pourra lui opposer la *præscriptio longi temporis.* Il y a renoncé implicitement quand il a déféré le serment à son adversaire (1).

§ 2. *Effets du serment extrajudiciaire.*

Ce serment est le seul dont il soit question aux Institutes de Justinien : « Si quis, postulante « adversario juraverit deberi sibi pecuniam quam « peteret, neque ei solvatur, justissime accom-« modat ei talem actionem per quam non illud « quæritur an ei pecunia debeatur, sed an jura-« verit » (2). Vous niez que je sois votre créancier et vous me déférez le serment sur l'existence de ma créance. Je le prête. Si vous refusez de me payer, j'obtiendrai du préteur une action dont le but sera de rechercher, non si vous me

---

(1) Savigny, *System.,* VII; Demangeat, II, p. 518; Pothier donne du texte une interprétation différente ; Pand. Justin., n. tit., n° 37; Cf. Pellat, *Traité de la propriété,* p. 498-403.

(2) *Inst.,* liv. IV, tit. II, § 6.

devez, mais si j'ai juré. Telle est l'action qu'on nomme *de jurejurando*.

L'origine de cette action est prétorienne. Elle a ceci de remarquable, qu'elle est donnée au demandeur même dans le cas où il n'aurait, d'après le droit civil, aucune action à l'appui de sa prétention. On sait que, dans les principes du vieux droit romain, l'accord des volontés, se produisant dans un simple pacte, est dénué de tout effet. Même dans le droit prétorien, il ne peut servir de fondement qu'à une exception; la règle est que le *pactum nudum* ne produit pas d'action (1). Par dérogation, lorsqu'un serment est intervenu entre les parties, le magistrat donne à celui qui a juré, sans s'inquiéter des droits qu'il pouvait avoir, une action fondée sur le fait même du serment. On voit ainsi que le serment, comme le constitut, crée un droit à une action, en dehors de toute formalité civile.

Nous devons, en second lieu, remarquer que l'action de *jurejurando* est *in factum*. Le juge de cette action n'a pas, en effet, de question de droit à examiner. Il a uniquement à se demander: *an juratum sit*. Le fait de la prestation du serment établi, le procès est terminé. Voici en quels termes était conçue notre action: «Si paret Au-«lum Agerium, Numerio Negidio deferente, ju-«ravisse fundum Cornelianum suum esse jure «Quiritum, neque is fundus restituetur, quanti

(1) L. 7, pr.; D., *De pactis*, 2, 14.

«ea res erit N. Negidium A. Agerio condem-
«na» (1).

Dans l'espèce que suppose cette formule, le
serment a porté sur un droit réel, le droit de
propriété. Dirons-nous que l'action *de jurejurando* est réelle? Non, dans un langage rigoureux, pas plus que nous ne dirions, dans une
autre hypothèse, qu'elle est personnelle. Les
actions *in factum*, ne contenant pas, en effet,
dans leur *intentio*, de question de droit, restent en
dehors de la division fondée sur la nature du
droit invoqué. Cependant, comme il s'agit, au
fond, pour le demandeur, dans l'action *de jurejurando*, soit d'un droit réel, soit d'un droit de
créance, il n'est pas impossible de dire qu'elle
sera, suivant ces cas, *in rem* ou *in personam* (2).

L'action du serment, lorsqu'il a porté sur la
propriété, a les mêmes résultats que la *rei vindicatio*, savoir, la restitution de la chose et celle
des fruits et autres accessoires (3). C'est une
sorte de revendication *utile*. Aussi ne nous éton-
nerons-nous pas que Ulpien la confonde avec la
Publicienne : «Si petenti mihi rem jusjurandum
«detuleris, egoque juravero rem meam esse,
«competit Publiciana mihi, sed adversus te
«duntaxat» (4). Ainsi, lorsque j'ai juré qu'une
chose m'appartient, ma position ressemble à celle

(1) Pellat, *Traité de la propriété*, p. 509.
(2) Demangeat, *Cours élément.*, II, p. 191.
(3) L. 11, § 1; D., h. tit.
(4) L. 7, § 7; D., liv. vi, tit. 2.

de quelqu'un qui est *in causa usucapiendi*. Mais c'est seulement à l'égard de celui qui m'a déféré le serment que je suis réputé propriétaire, et contre lui seulement que je pourrai agir en me prétendant tel. Remarquons que, si j'avais déjà, avant le serment, la revendication directe ou la publicienne, je ne perds pas ces actions; j'ai seulement acquis de plus une revendication utile, qui a l'avantage de n'être subordonnée qu'à la preuve du serment.

L'épithète d'utile est donnée à notre action par Julien, dans le cas du serment déféré sur la propriété (1), et par Tryphoninus dans le cas du serment déféré sur une question d'obligation (2).

Le serment qui produit une action, peut à plus forte raison servir de base à une exception (3). J'amène Titius devant le préteur afin d'obtenir contre lui une formule *in rem* ou *in personam*. S'il prétend que je lui ai déféré le serment et qu'il a juré que ma prétention actuelle n'est pas fondée, le préteur ne refusera pas de me donner une action, mais il insérera dans la formule l'exception *jurisjurandi*. Cette exception est prétorienne et *in factum* comme l'action *de jurejurando* (4). Elle est perpétuelle (5).

(1) L. 13, § 1; D., h. tit.
(2) L. 29; D., h. tit.
(3) *Instit*., liv. iv, tit. 13, § 1.
(4) L. 9, pr.; D., h. tit.
(5) L. 40; D., h. tit.

Le préteur pourrait-il, au lieu de donner une
exception à celui qui a juré, prendre une mesure
plus radicale et refuser une action au demandeur? Il n'est guère possible d'en douter en présence de la loi 9 de notre titre : « Postquam ju-
« ratum est, denegatur actio; aut si controver-
« sio erit, id est, si ambigitur, an jusjurandum
« datum sit, exceptioni locus est »(1). Toutefois
nous ne croyons pas que le préteur refuse souvent l'action quand le serment a été prêté hors
de sa présence. D'abord il y aura presque toujours, en ce cas, controverse entre les parties
sur le fait du serment. Ensuite, lors même que
ce fait ne serait pas contesté, il est probable que
la formule sera toujours délivrée si le demandeur agit en vertu d'une obligation civile. C'est
ce qui résulte de toute la théorie des exceptions
telle que nous l'exposent, dans leurs *Institutes*,
Gaïus et Justinien. Si nous nous trouvions en
présence d'un demandeur dont le droit était dé-
pourvu de toute action ou muni seulement
d'une action prétorienne, alors nous n'hésiterions pas à dire que, le fait du serment n'étant
pas contesté, l'action *de jurejurando* sera refusée
par le magistrat.

Nous n'avons pas à nous occuper des effets
du serment extrajudiciaire refusé ou référé. Si,
en effet, un serment déféré ou référé n'est pas

(1) Cf. l. 7; D., h. tit.

prêté, l'adversaire ne peut tirer du refus de jurer aucun avantage, et les choses seront re-
mises au même état que s'il ne s'était produit
aucune délation. La maxime : « Manifestæ tur-
« pitudinis et confessionis est nulle nec jurare
« nec jusjurandum referre » (1) est écrite pour
le serment judiciaire. Quant au serment déféré
entre parties avant l'instance, chacune d'elles
est libre de n'y pas donner suite.

Devant le préteur le serment présente les caractères d'une transaction, mais avec ceci de
particulier que l'offre de transiger est impé-
rieuse et obligatoire pour celui qui la reçoit.
Aussi les textes nous disent-ils seulement que
« jusjurandum speciem transactionis conti-
« net » (2). Extrajudiciairement, au contraire,
les parties étant libres de repousser ou de prêter
le serment, on peut dire que, lorsqu'elles l'acceptent, ce qu'elles font n'est pas seulement
species transactionis; c'est une transaction véritable et purement conventionnelle.

§ 3. *Effets du serment prêté in jure.*

Le serment sera déféré le plus souvent devant
le préteur par un demandeur qui n'a pas les
moyens de faire la preuve de son droit. Supposons donc, en premier lieu, que c'est le défen-

(1) L. 38; D , n. tit.
(2) L. 2; D., n. tit.

deur qui jure, et qu'il affirme que la prétention de son adversaire n'est pas fondée. Ce serment mettra fin au débat. Le demandeur sera immédiatement débouté de sa demande : il n'y aura pas d'instance devant le juge. « Postquam jura-« tum est, denegatur actio » (1). On peut dire ici avec une entière vérité : « Jusjurandum pro « judicio cedit » (2).

Est-ce à dire que le serment prêté *in jure* par le défendeur ne donnera jamais lieu à une exception? Non, évidemment; il se peut, en effet, qu'après avoir échoué dans sa première attaque, le demandeur intente contre son prétendu débiteur une nouvelle action. Celui-ci lui opposera le serment prêté, et obtiendra, en cas de contestation sur ce point, l'*exceptio jurisju-randi* (3). Ainsi s'explique que nous voyons, dans un grand nombre de textes, l'influence du serment s'exercer sous forme d'exception.

Au serment du défendeur équivaut le refus par le demandeur de prêter le serment référé. Comment ce dernier pourrait-il obtenir une action à l'appui d'un droit dont il n'ose affirmer l'existence? « Si is qui petet conditione jurisju-« randi non utetur, judicium ei prætor non « dabit » (4).

(1) L. 9; D., n. tit.; Cf. l. 11, § 3; D., n. tit.; l. 30, § 3; D., n. tit.
(2) L. 35, § 1; D., n. tit.
(3) L. 28, §§ 1, 6, 7; D., n. tit.
(4) L. 31, § 7; D., n. tit.

Examinons, en second lieu, l'effet du serment
prêté *in jure* par le demandeur. Ce serment se
produira moins souvent que le précédent. La
partie défenderesse a, en effet, tout intérêt à ne
pas déférer le serment à son adversaire avant
qu'il ait fait lui-même *in judicio* la preuve de
son droit. Au début de l'instance, elle aurait
tort de recourir à un moyen aussi dangereux
d'éviter une condamnation. Mais il lui arrivera
assez souvent de référer le serment que lui offre
son adversaire, et c'est ainsi que le demandeur
se trouvera, dans le plus grand nombre de
cas, appelé à jurer.

Je réclame à Titius cent sous d'or. Je l'amène
devant le préteur, et, sur l'offre qui m'en est
faite par lui, je m'empresse de jurer qu'il me
doit cette somme. Que va-t-il résulter de là
pour l'issue du procès, et que fera le préteur?
Lorsque ma demande est une *condictio certi*,
c'est-à-dire qu'elle a pour objet une somme
d'argent déterminée, tout se trouve consommé
par le serment; il n'y a ni *litis contestatio*, ni
instance devant le *judex;* le magistrat pourvoit
directement à l'exécution de la sentence de condamnation que j'ai prononcée moi-même contre
Titius. Hors du cas où il s'agit *de certa pecunia*,
le serment prêté ne termine pas immédiatement le débat. Il rend sans doute inévitable la
condamnation du défendeur. Mais quel sera le
montant de cette condamnation? Le préteur

n'est pas juge des faits dont cette question demande l'examen. Il y aura donc *litis contestatio*,
et un procès régulier s'engagera devant le *judex*. Voici dans quels termes sera conçue la formule que délivrera le préteur : « Quod Aulus
« Agerius juravit Numerium Negidium fundum
« Cornelianum ipsi dare oportere , quanti is
« fundus est cum condemna » (1).

Ici il n'est plus entièrement exact de dire que
le serment supplée au *judicium*, puisqu'il n'empêche pas l'instance *in judicio* de se produire.
Mais quelle est la nature de l'action qui est portée devant le juge? Est-ce un action *in factum de
jurejurando?* Quelques auteurs le soutiennent (2).
Mais nous croyons mieux de dire, avec Savigny, que c'est plutôt la continuation de l'action
née du droit qu'invoque le demandeur (3). Seulement le serment en modifie l'exercice; le juge
n'a plus à apprécier le mérite de la réclamation,
il doit se borner à en fixer la valeur. La formule
qui lui trace l'étendue de sa mission ne contient
plus l'*intentio si paret dare oportere*, car c'est un
point déjà connu et mis hors de doute par le
serment prêté *in jure*. « On donne alors, dit
Zimmern, l'ancienne action, mais d'une manière utile et comme *fictitia*, puisque ce qui a
été affirmé par serment doit être tenu pour

(1) Savigny, *System.*, t. VII, §
(2) Bayer, *Vorlesungen*, p. 401-402; l. 8; C., n. lit.; l. 23; D.,
12, 2.
(3) Savigny, *System.*, t. VII; l. 28, § 1; D., n. lit.

vrai » (1). La loi 11, § 3, D. n. tit. confirme cette
manière de voir : « Si cum de hereditate inter
« me et te controversia esset, juravero heredi-
« tatem meam esse, id consequi debeo quod ha-
« berem, si secundum me de hereditate pronun-
« ciatum esset, et non solum eas res restituere
« debes quas tunc possidebas, sed et si quas
« postea possidere cœpisses, perindeque haberi
« quod juratum est, atque si probatum esset : id-
« circo mihi utilis actio competit. »

Aux effets du serment du demandeur corres-
pondent exactement ceux du refus de jurer du
défendeur. Quand ce refus se produira, le demandeur obtiendra gain de cause soit devant le
juge au moyen de l'*actio utilis* que lui délivrera
le préteur, soit devant ce magistrat lui-même,
s'il n'y a pas lieu, vu la nature de la demande,
d'engager une instance *in judicio*.

§ 4. *Effets du serment prêté in judicio.*

Ici encore le serment prêté par l'une des parties, sur la délation de son adversaire, décidera
le procès en sa faveur. Toutefois c'est uniquement à titre de preuve qu'il trouvera place dans
l'instance qui se déroule devant le juge, et il y
sera déféré sur les faits qui servent de base à la
prétention de la partie qui le prête, plutôt que

---

(1) Zimmern, *Traité des actions*, § 127.

sur l'existence même du droit qu'elle invoque. Plusieurs auteurs ont conclu de là que le juge pourra dispenser de jurer la partie qui offre de faire autrement la preuve du fait mis en question. Nous avons hésité à nous ranger à une opinion qui ne repose sur aucun texte et qui a le tort de se rattacher à un système que nous croyons devoir combattre (1).

Les mêmes jurisconsultes contestent, en effet, la force obligatoire du serment déféré *in judicio* par la partie; ils soutiennent que le préteur seul avait le droit de poser à la partie sommée de jurer l'alternative : *jura aut solve*, et que les mêmes moyens de contrainte n'étaient pas à la disposition du *judex*. Quelques-uns vont jusqu'à prétendre que les parties n'étaient jamais admises à déférer le serment devant le juge et qu'il appartenait seulement à celui-ci d'éclairer sa religion en déférant à celle qui lui paraissait digne de foi le serment supplétoire (2).

Les auteurs de cette théorie lui donnent pour fondement les fragments du Digeste qui, comme la loi 34, § 6, n. tit., parlent exclusivement du serment déféré *in jure* et de l'obligation de le prêter ou de le référer qui sera imposée par le magistrat (3).

---

(1) Supra, chap. V, *in fine*.
(2) Keller, § 66 ; Zimmern, § 135, *op. cit.*; Puchta, § 171, *op. cit.*
(3) L. 7; D; l. 9, pr.; D. n. tit.

Mais l'argument qu'ils en veulent tirer tombe
en face de textes qui assignent au serment prêté
devant le juge une influence non moins grande,
et qui expriment que la délation en est faite par
la partie. Ces textes sont trop nombreux et trop
explicites pour qu'on puisse admettre qu'ils
aient subi des interpolations : ce que nos adversaires s'efforcent en vain de démontrer. Aux
termes de notre loi 34, § 9 : « Quum res in jus-
« jurandum demissa sit, judex jurantem absol-
« vit, referentem audiet. » Nous pourrions citer
un grand nombre de lois conçues dans le même
sens : il suffira de rapporter le fragment suivant du jurisconsulte Paul : « Licentia conce-
« denda est ei cui onus probandi incumbit, ad-
« versario suo de rei veritate jusjurandum in-
« ferre, prius ipso pro calumnia jurante, ut
« judex juramenti fidem secutus ita suam sen-
« tentiam possit formare, jure referendæ reli-
« gionis ei servando » (1).

Si le système proposé est en opposition avec
les textes, il n'est pas moins en désaccord avec
la raison. Pourquoi refuser, en effet, aux parties le droit de vider leur différend devant le
juge au moyen d'un libre appel à la bonne foi
de l'une d'elles? Quand le serment extrajudiciaire lui-même a pour effet de constituer une
fiction de vérité inattaquable, comment celui

(1) Cf. l. 34, § 5; D., h. tit.; l. 21; D., 4, 3.

qui est déféré *in judicio* ne donnerait-il pas au juge le pouvoir d'absoudre la partie qui a juré? Et si le serment offert n'est pas prêté, le juge pourrait-il ne pas trouver, dans ce refus de jurer, un véritable aveu, c'est à-dire la plus probante de toutes les preuves? N'est-ce pas pour ce cas qu'est faite la maxime : « Manifestæ turpitudinis et confessionis est nolle nec jurare « nec jusjurandum referre? » (1). Si on en doutait, nous achèverions d'établir quels étaient les pouvoirs du juge en rapportant ce qui eut lieu à l'occasion du procès d'Albutius. Les centumvirs, considérant comme un aveu le refus de prêter serment, en firent la base d'une sentence de condamnation. Or les centumvirs, on le sait, tenaient lieu et jouaient le rôle de *judex* (2).

Donc nous disons que le serment sera obligatoire devant le juge comme devant le préteur. Le jugement sera rendu conformément au serment, s'il est prêté; sinon, il consacrera la prétention contraire. Une action ou une exception *ad similitudinem judicati* est acquise pour l'avenir à la partie qui triomphe (3). Au reste, il importe de remarquer que les effets du serment dépendent des termes dans lesquels il a été dé-

---

(1) L. 38; D., n. tit.
(2) Sénèque, lib. III, *Contror.*, *Dialog.*, *De orat.*, c. 6; ence sens, Savigny, *System.*, t. VIII.
(3) L. 8; C., n. tit.

féré. C'est ce qui ressort du texte suivant d'Ulpien : « Sed si possessori fuerit delatum jusju-
« randum, juraveritque rem petitoris non esse,
« quandiu quidem possidet, adversus eum qui
« detulit jusjurandum, si petat, exceptione jus-
« jurandi utetur; si vero amiserit possessionem,
« actionem non habebit, ne quidem si is possi-
« deat, qui ei jusjurandum detulit : non enim
« rem suam esse juravit, sed ejus non esse » (1).
Ainsi, lorsque je jure que vous n'êtes pas propriétaire de l'immeuble que je possède, j'ac-
quiers une exception qui me permettra de repousser une nouvelle revendication de votre
part. Mais, si je cesse d'être possesseur et que
vous le soyez devenu (*nec vi, nec clam, nec pre-
cario*), je n'aurai pas le droit d'intenter contre
vous une action *jurisjurandi*. Car il n'est nullement établi que je sois propriétaire. Il en serait
différemment, et j'aurais une action au cas où
j'aurais juré *rem meam esse* (2). Le serment du
défendeur, lorsqu'il porte sur la propriété, lui
assure la double garantie de l'action et de
l'exception.

L'exception *jurisjurandi*, comme celle de la
chose jugée, ne peut trouver place ou profit du
défendeur dans un second procès, que si l'objet
de ce nouveau procès est le même qui a déjà
donné lieu au serment : « Exceptio jurisjurandi

(1) L. 11, pr.; D., h. tit.
(2) Cf. l. 7, § 7; D., 6, 2; l. 9, § 7; D., h. tit.

«non tantum si ea actione quis utatur, cujus
«nomine exegit jusjurandum, opponi debet;
«sed etiam si alia, si modo *eadem quæstio* in judi-
«cium deducatur » (1). Pour qu'il y ait *eadem*
quæstio, il faut la réunion de trois éléments :
eadem res, eadem causa petendi, eadem personarum
conditio.

On voit par le même texte que l'emploi dans
le second procès d'une nouvelle action n'empêcherait pas qu'il n'y eût *eadem quæstio*. Ainsi je
suppose que le serment ait été exigé dans une
action *mandati, negotiorum gestorum, societatis.*
Plus tard la même demande est renouvelée au
moyen d'une *condictio certi.* Cette action pourra
fort bien être paralysée par l'exception du serment, «quia per alteram actionem altera quoque consumitur» (2). Je jure, sur une *furti actio*
que je n'ai pas commis le vol dont on m'accuse.
Je suis à l'abri d'une *condictio furtiva.* Et la réciproque serait également vraie.

L'influence du serment se ferait sentir sur un
second procès ayant même objet, lors même que
les rôles des parties seraient intervertis. Vous
jurez que je vous ai vendu une chose cent sous
d'or, et vous obtenez contre moi l'action *ex empto*
par laquelle vous me demandez de vous faire
livraison et de vous garantir de toute éviction.
Si vous n'avez pas juré en même temps que vous

(1) L. 23, § 4; D., h. tit.
(2) L. 28, § 3, *in fine*; D., h. tit,

m'avez payé, rien ne m'empêchera de profiter de votre serment pour vous actionner en paye-ment. Cet exemple (1), et ce n'est pas le seul que nous pourrions trouver dans notre titre (2), mon-tre que le serment lie aussi bien celui qui le prête que celui qui l'a déféré.

Dans un procès où j'accuse mon adversaire de m'avoir violemment enlevé une chose qui m'appartient, il jure *se non rapuisse*. Ce serment ne lui sera d'aucun secours si j'intente par la suite contre lui l'action *furti* ou la *condictio furtiva*. En effet, autre chose est le rapt avec violence, autre le vol, puisque la clandestinité est de l'es-sence de ce dernier : *clam fieri potest* (3). L'objet du débat ayant changé, un nouveau serment sera nécessaire.

Voici encore un cas où l'exception *jurisjurandi* ne serait pas admise : « Quæ juravit divortii « causa rem se non amovisse non debet defendi per « exceptionem si cum ea in rem agatur, et si con- « tendat suam esse, alio jurejurando opus est » (4).

(1) L. 13, § 3; D., n. tit.
(2) L. 13, § 5; D., n. tit.
(3) L. 28, § 5; D., n. tit.
(4) L. 28, § 7; D., n. tit.

CHAPITRE VIII.

DE L'EFFET DU SERMENT A L'EGARD DES TIERS.

Le serment n'a d'effet qu'entre les parties :
« Alteri neque prodest neque nocet » , dit la loi
3, § 3 de notre titre, et nous trouvons dans un
grand nombre de textes l'application de ce principe. Ainsi aux termes de la loi 9, § 7 : « Si petitor
« juravit, possessore deferente, rem suam esse,
« actori dabitur actio. Sed hoc duntaxat adver-
« sus eum, qui jusjurandum detulit eosque qui
« in ejus locum successerunt; cæteram adver-
« sus alium, si velit prærogativa jurisjurandi
« uti, nihil ei proderit » (1). La loi 10, n. tit.
exprime le motif de notre règle : « Quia non debes
« rei aliis nocere quod inter alios actum est. »

Toutefois il faut faire rentrer sous la dénomi-
nation de parties les ayants cause, et les successeurs à titre universel ou particulier. Le préteur
promet de ne donner d'action, « neque in eum
« qui juravit, neque in eos qui in locum ejus,
« cui jusjurandum delatum est succedunt, etiam-
« si in rem successerint » (1).

Le serment déféré par le débiteur oblige ses
créanciers, mais à une condition, c'est que la

(1) L. 7, § 8; D., n. tit.

délation n'en ait pas été faite en fraude de leurs
droits : «Sed etsi quis in fraudem creditorum
« jusjurandum detulerit debitori, adversus excep-
« tionem jurisjurandi replicatio fraudis credito-
« ribus debet dari. Præterea si fraudator detu-
« lerit jusjurandum creditori, ut juret sibi decem
« dari oportere, mox, bonis ejus venditis, expe-
« riri volet, aut denegari debet actio, aut exceptio
« opponitur fraudatorum creditorum » (1).

Nous avons déjà vu que certaines personnes
peuvent, soit en déférant le serment, soit en le
prêtant, faire produire à l'acte accompli, un certain effet à l'égard d'autrui. Ainsi en est-il dans
les rapports du tuteur et de l'incapable, du maître et de l'esclave, du *procurator* et du mandant.
Il ne faut pas considérer, comme des exceptions
à notre principe, les cas où nous avons rencontré
ainsi le serment, prêté pour autrui. Si en effet
je le défère ou le prête en raison d'un mandat
légal ou conventionnel dont je suis investi, c'est
la personne même que je représente qui est
censée avoir eu recours au serment, et non pas
moi.

Nous expliquerons aussi par l'existence d'un
mandat tacite l'effet produit à l'égard des tiers
par le serment prêté dans une *actio popularis*.
Personne ne pourra renouveler l'action terminée
par le serment : à moins qu'il n'ait été déféré de

(1) L. 9, § 5; D., n. 11.

mauvaise foi et par suite d'une collusion intervenue entre l'accusateur et l'accusé.

Enfin, si le serment nuit ou profite à d'autres
que son auteur dans le cas d'une obligation
solidaire ou garantie par un fidéjusseur, c'est
encore parce que chacune des personnes qui
jouent, dans cette obligation, le rôle de débiteurs
ou de créanciers, a reçu une sorte de mandat de
représenter les autres. Nous devons consacrer
quelques développements à l'étude des effets du
serment.

1° *Entre co-débiteurs ou coercanciers solidaires.*
Le principe « jusjurandum loco solutionis
« cedit » nous servira ici de guide (1). Commençons par supposer des *correi promittendi*. Le
créancier défère le serment à l'un d'eux. Celui-
ci jure que la dette n'existe point. L'exception
est acquise non-seulement à lui-même, mais à
tous ses codébiteurs. Il en serait, en effet, ainsi
s'il avait payé.

Remarquons que, dans l'hypothèse, le serment
a porté sur la dette même. S'il y avait eu seulement entre le créancier et Primus discussion
sur le point de savoir si Primus est l'un des
rei promittendi, le serment prêté en ce sens par
Primus ne profiterait nullement aux autres débiteurs. En effet, « multum interest utrum res

(1) L. 28, § 3; D., n. tit.

« ipsa solvatur an persona liberetur; quum per-
« sona liberatur, manente obligatione alter durat
« obligatus (1 .

Si l'un des *rei promittendi* refuse de jurer et
de référer le serment, et que cela se passe « in
« jure ou in judicio » , ce *reus* sera condamné ;
mais les autres codébiteurs sont libérés par le
fait même de la poursuite, et le créancier ne
pourra se prévaloir contre eux du refus de serment.

Supposons maintenant que l'un des prétendus
débiteurs défère le serment au créancier, et que
ce dernier jure que la dette existe. Cette hypothèse n'est mentionnée dans aucun texte, et nous
pensons que le serment, qui n'a ici rien de commun avec le payement, n'aura aucune influence
vis-à-vis des débiteurs autres que celui qui l'a
déféré. Contre ce dernier seul sera donnée
l'action *de jurejurando* (2).

Si le créancier refusait « in jure ou in judicio » de prêter serment, ce refus profiterait à
tous les prétendus débiteurs.

Arrivons à une seconde hypothèse, celle où
la corréalité existe entre créanciers. De deux
correi stipulandi l'un défère le serment au débiteur. S'il jure qu'il ne doit rien, il est libéré à
l'égard de tous ses créanciers , absolument

(1) L. 19; D., 45, 2.
(2) En ce sens : Savigny, *Obligationenrecht*, § 19. — Demangeat, *Obligat. solid.*, p. 91.

comme s'il avait payé (1). « In duobus reis stipu-
« landi ab altero delatum jusjurandum etiam
« alteri nocebit» (2). Cette solution est assez remarquable. Elle donne à l'un des créanciers solidaires la faculté de disposer en maître de la
créance au moyen d'un serment qui a, en somme,
pour base une sorte de transaction ou de pacte.
Or le droit romain n'admettait pas facilement
que le pacte *de non petendo* fait par l'un des
créanciers fût opposable aux autres (3). Si le
serment du débiteur le libère à l'égard de tous,
cela tient sans doute à ce que l'instance en justice
dans laquelle il intervient éteint l'action de la
créance.

Comme dans le cas où la corréalité existe entre
codébiteurs, il importe ici d'examiner sur quoi
le serment a porté. Si donc le prétendu *correus
stipulandi* avait déféré le serment en ces termes :
« jurez que je ne suis pas l'un de vos créanciers, »
le débiteur qui l'aurait prêté ne pourrait opposer
aux autres créanciers l'exception *jurisjurandi.*

Quant au cas où l'un des créanciers jure, sur
la délation du débiteur, que la dette existe, il
n'en est pas question dans les textes. Dirons-nous
que ce serment pourra être invoqué par tous les
créanciers contre le débiteur ? Le silence même

---

(1) Signalons dès à présent que cette décision n'a pas été admise par notre code civil, art. 1365.
(2) L. 28, pr.; D., n. tit.
(3) L. 27, pr.; D., 2, 14. L. 31; D. 46, 2.

du Code nous porte à penser qu'il sera *res inter
alios acta* pour tout autre que celui qui a juré.
Ce dernier seul aura contre le débiteur l'action
de jurejurando (1).

Le refus de prêter le serment judiciaire entraînerait la condamnation du débiteur envers celui
des créanciers qui le lui a déféré. Mais les autres
créanciers ne pourraient exercer de poursuites
contre lui, la *litis contestatio* ayant éteint l'action
de la créance. Si le refus de jurer venait de l'un
des *correi stipulandi*, il amènerait l'absolution
du débiteur et l'extinction de l'action des autres
correi.

2° *Entre débiteur principal et caution*. Plusieurs
textes de notre titre déterminent les effets, à
l'égard du fidéjusseur, du serment prêté par le
principal obligé, et réciproquement ceux du
serment du fidéjusseur sur l'obligation principale. «Quod reus juravit etiam fidejussori pro-
« ficit ; a fidejussore exactum jusjurandum pro-
« desse etiam reo Cassius et Julianus aiunt.» La
raison en est que le serment tient lieu de paiement. Toutefois le serment du fidéjusseur ne
libère le débiteur principal qu'à une condition :
«Si ideo interpositum est ut de ipso contractu
« et de re, non de persona jurantis ageretur »(2).

(1) Savigny, *Obligationenrecht*. — Demangeat, *Oblig. solid*,
p. 91.
(2) L. 28, § 1; D., n. tit.

Le serment exigé par le débiteur ou par le fidéjusseur ne doit nuire qu'à celui qui le défère. Il n'est donné, en effet, à aucun d'eux mission de compromettre les droits de l'autre.

TITRE II

Du serment déféré par le juge.

Il se peut que le juge ne trouve pas dans les preuves fournies par les parties des éléments de conviction suffisants. Dans ce cas, il aura le droit de déférer à l'une d'elles, sur le fond même du procès, un serment qu'on appelle *supplétoire* parce que son but est de compléter un commencement de preuve et d'achever ainsi d'éclairer la religion du juge. Quelquefois le serment déféré d'office aura un tout autre objet : nous voulons parler du *jusjurandum in litem* que le juge déférait au réclamant dans le cas de dol ou de *contumacia* de l'adversaire, autant pour punir ce dernier que pour mettre le demandeur à l'abri d'un préjudice injuste. Ce serment ne portait pas sur le fond du procès ; il concernait l'*æstimatio litis*, c'est-à-dire l'évaluation en argent de l'objet du litige. On le nomme souvent *estimatoire*. Le

jusjurandum in litem et le serment supplétoire
présentant des caractères différents, nous consa-
crerons à chacun d'eux un chapitre spécial.

CHAPITRE I.

DU SERMENT SUPPLÉTOIRE.

Il n'a rien d'irrévocable parce qu'il n'est pas,
comme le serment déféré par la partie, le résultat
d'une convention. Le juge y a recours lorsque
des doutes subsistent dans son esprit par suite
de l'insuffisance des preuves *inopia probationum*.
Il ne pourrait le déférer si elles faisaient complétement défaut ; lorsqu'en effet une partie n'a
pas même de présomptions à invoquer en sa
faveur, il serait inique de faire dépendre de son
affirmation le sort du litige. Il ne le pourrait
pas davantage lorsque la preuve est complète :
car à quoi bon provoquer les dénégations de
l'adversaire contre une prétention qui repose sur
des données certaines, sur des moyens de preuve
dont le bénéfice ne peut être refusé à celui qui
les a fournis ? Le serment supplétoire trouvera
donc place dans les cas où le juge hésite, soit
que des arguments spéciaux soient invoqués
de part et d'autre, soit que les motifs qui le
font pencher en faveur de l'une des parties
n'aient pas la force d'entraîner sa détermination.

« Solent sæpe judices in dubiis causis, exacto
« jurejurando secundum eum judicare , qui
« juraverit » (1).

Dans quels cas se rencontrera cette pauvreté
de moyens qui rend le juge incertain ? Il est
facile d'en indiquer des exemples. Ainsi on ne
regarde pas comme une épreuve complète le
témoignage d'une seule personne (2). On n'attache pas non plus une foi entière aux *instrumenta
domestica*, aux papiers trouvés dans la succession
du prétendu créancier (3), à moins que ces titres
« aliis quoque adminiculis adjuventur ». Le serment pourra fournir l'un de ces *adminicula* ou
suppléments de preuve.

Le juge est libre de déférer le serment toutes
les fois qu'il n'a pas d'autre moyen de se former
une opinion, quelle que soit la nature de l'action
engagée: « in bonæ fidei contractibus, necnon
« in cæteris causis , inopiâ probationum, per
« judicem jurejurando causa cognita res decidi
« oportet » (4).

Le juge a la faculté de déférer le serment à
l'une ou l'autre des parties. Il choisira évidemment celle qui lui inspire le plus de confiance,
soit à raison de sa réputation d'honnêteté, soit à
cause des commencements de preuves qu'elle a

(1) L. 31; D., n. tit.; Instit., § 12, liv. 2, tit. 23.
(2) L. 9 ; C. 4, 20.
(3) L. 6; C. 4, 19.
(4) L. 3; C. 4, 1.

produits. Celle à laquelle le serment est déféré
n'a pas la faculté de le référer à son adversaire,
et celui-ci ne peut s'opposer à ce qu'elle le prête.
Le juge doit conformer sa sentence à ce qui a
été juré : cela semble, du moins, logique et la
loi 3 de notre titre au Code permet de le croire (1).
Quant aux parties, rien ne les empêche d'attaquer
par la voie de l'appel le jugement rendu en
raison du serment ou du refus de jurer.

A côté de l'appel, la partie lésée par les effets
du serment jouissait quelquefois d'une autre
ressource. Gaius nous dit, en effet, que si le
demandeur vient à retrouver, après le serment,
les titres dont l'absence a entraîné l'absolution
de son adversaire, il pourra obtenir de renouveler l'action *ex integro agere*. Il sera ainsi res-
titué contre les effets de la première instance,
pourvu qu'il ne fasse valoir dans le nouveau
procès que les titres qu'il a récemment décou-
verts. C'est ce qu'avaient décidé les constitutions
des princes (2).

On conclura de ce qui précède que le serment
supplétoire n'est qu'un moyen de procédure dé-
pendant entièrement de la volonté du juge.
Aussi la sentence qui termine l'instance sera-
t-elle une sentence ordinaire. Le défendeur absous aura pour repousser une nouvelle attaque
l'exception *rei judicatæ*; et le demandeur qui a

(1) Savigny, *System.*, t. VIII, §
(2) L 31; D., n. tit.

obtenu gain de cause pourra poursuivre l'exécution du jugement par toutes les voies, y compris
celle de l'action *judicati* proprement dite.

CHAPITRE II.

DU SERMENT ESTIMATOIRE.

Ce serment est déjà mentionné par Cicéron (1),
et, bien que son origine ne nous soit pas exactement connue, il est permis de l'attribuer à un
édit prétorien. Il se distingue du serment décisoire et du serment supplétoire en ce qu'il n'a
jamais pour effet d'établir le droit de celui qui
le prête. Comme ce dernier, il est déféré par le
juge ; mais le demandeur seul peut être appelé
à le prêter. Il intervient alors que le fond du
procès est jugé, que le défendeur doit être condamné, et qu'il ne reste à trancher qu'une
seule question, celle du montant de la condamnation à prononcer. Son but est de punir la
contumacia du débiteur en laissant à son adversaire lui-même le soin de faire l'évaluation du
litige.

Le *jusjurandum in litem* trouve son application
fondamentale dans les actions arbitraires et dans
les actions de bonne foi ayant pour but d'ame-

(1) *Pro Roscio.* C. c...

ner une exhibition ou une restitution. Soit une
action arbitraire. Sa formule pourra être la suivante : « Titius judex esto. Si pacet A. Agerii
« rem esse ex jure quiritium Negidium, nisi
« restituat, quanti ea res erit, condemna. » Si le
le défendeur qui reçoit du juge l'ordre de restituer ne s'y soumet pas soit par mauvais vouloir, soit parce que son dol ou sa *lata culpa* l'ont
mis dans l'impossibilité d'y obtempérer, le demandeur aura la faculté de le faire condamner
suivant l'estimation qu'il aura lui-même fournie sous la foi du serment.

Ici une question se présente. Le *juramentum
in litem* ne s'applique-t-il que dans les actions
de bonne foi qui tendent à une restitution ? Ne
vaut-il pas mieux enseigner d'une manière générale que, dans toutes les actions de bonne foi,
celui qui a subi un dommage par suite du dol
ou de la faute lourde de son adversaire peut demander à jurer *in litem* ? La plupart des auteurs
se rallient à cette dernière opinion qu'il fondent
sur la loi 5 pr. n. tit. et la loi 3, § 2, n. tit. La
première de ces lois nous dit, sans aucune restriction : « In bonæ fidei judiciis in litem jura-
« tur. » Et de la seconde ils concluent aussi
qu'il ne faut pas distinguer entre les actions de
bonne foi : « In hac actione sicuti in cæteris bo-
« næ fidei judiciis similiter in litem juratur. »
Néanmoins nous considérons comme erroné le
système généralement suivi. En effet :

1° Il est en opposition avec le principe posé par Ulpien dans la loi 68, D., 6, 1 suivant laquelle le serment ne trouve sa place que dans les actions de bonne foi : « Ex quibus arbitratu « judicis quid restituitur. » La restriction de la loi 68 était inutile à exprimer dans la loi 5 de notre titre pour les actions arbitraires. De ce que cette loi l'a également sous entendu en parlant des actions de bonne foi, on aurait tort de conclure qu'elle doit disparaître quant à ces dernières. La vérité de la règle émise par la loi 68 est encore mise en lumière par la loi 25, § 1, D. 24, 3, où, à propos d'une action de bonne foi, savoir, l'action *rei uxoriæ*, le *juramentum in litem* est appliqué *quia invitis nobis res nostras alius retinere non debeat.*

3° Dans une action *depositi contraria*, le *juramentum in litem* se trouve expressément refusé par la loi 5, pr. D. 16, 3, ce qui serait inexplicable s'il devait trouver place dans toute action *bonæ fidei propter dolum*, mais ce qui est tout simple dans notre système, parce que cette action n'a pas pour but une restitution.

3° Ce qui plaide encore en notre faveur, c'est que toutes les actions de bonne foi dans lesquelles les textes nous montrent la prestation d'un serment *in litem* tendent à une restitution. Telles sont les actions *depositi, commodati, locati rei uxoriæ, tutelæ* (1).

(1) L. 3, n. tit.; l. 1, § 25; D., 16, 3; l. 3, § 2.; D., 13, 6;

4° Les textes employés par l'opinion contraire sont loin de nous convaincre. Car de la loi 5, D., n. tit. résulte seulement qu'il y a des actions de bonne foi où le serment trouve place; et dans la loi 3, § 2, D. 13, 6, il faut tenir grand compte du mot *similiter* qui indique que le *juramentum in litem* sera prêté dans d'autres actions de bonne foi, si elles tendent comme l'*actio commodati* à une restitution.

En résumé, nous disons que le serment estimatoire est déféré au demandeur, dans les actions arbitraires et dans les actions de bonne foi restitutives, lorsque le défendeur n'obéit pas à l'ordre de restitution par entêtement, ou parce que son dol l'a mis dans l'impossibilité d'obéir. Jamais il n'en sera question dans les actions qui ont pour objet une *traditio* par exemple, l'*actio empti*, où, à défaut d'appréciation du juge, celle de la partie n'est pas admise (1). L'opinion que nous combattons, commet une grave erreur en les citant. Car les loi 1 pr. et 21, § 3, D., 19, 1, qu'on invoque spécialement, ne parlent pas du serment, mais expriment seulement cette règle connue que l'acheteur a contre le vendeur qui ne livre pas une action en dommages-intérêts (2).

---

l. 48; D. 19, 2; l. 25, § 1; D., 21, 3; l. 8; D., n. tit.; l. 7, pr.; D., 26, 7.

(1) L. 4; C., 4, 49.

(2) Vangeron, *Lehrbuch*, § 270.

Le *jusjurandum in litem* pourrait-il trouver place dans une action de droit strict? Non, car ces actions sont d'une nature trop étroite pour admettre une estimation personnelle du demandeur, et, de plus, elles ont pour objet des prestations nouvelles et non des restitutions. Cependant lorsque l'*intentio* de ces actions n'est pas d'une *certa pecunia*, si le juge se trouve dans l'impossibilité d'estimer lui-même le litige, par exemple, parce que l'objet de la contestation n'existe plus et que cette impossibilité résulte d'une faute du défendeur, le serment pourra être déféré au demandeur (1). Le juge recourt alors au serment comme à un moyen subsidiaire, à défaut de tous autres éléments d'appréciation. Ce n'est pas là le véritable *jusjurandum in litem* qui nous apparaît, dans les actions arbitraires, comme une faculté accordée au demandeur de se venger du dol de son adversaire (2).

Nous lisons dans la loi 68, D., 6, 1, que le demandeur qui s'est mis par suite de son dol dans l'impossibilité de restituer « quantum adversa- « rius in litem sine ulla taxatione in infinitum « juraverit, damnandus est. » Il ressort de là que le *jusjurandum in litem* est un droit pour le demandeur, et qu'aucune restriction ne doit être apportée à sa liberté d'appréciation. Or, voici deux textes qui affirment que le juge peut,

(1) L. 5; D., h. tit.
(2) Savigny, *System* , § 220, note *e*.

7

en déférant le serment, imposer au demandeur
une *taxatio*, c'est-à-dire un maximum que son
estimation ne pourra dépasser. Ils ajoutent que
le serment ne liera pas le juge qui sera maître
de réduire la prétention du demandeur ou même
d'absoudre le défendeur. Et ils en donnent pour
motif que le juge ne peut être obligé par un serment qu'il dépendait delui de ne pas déférer.
Le premier de ces textes est d'Ulpien comme la
loi 68 : « Jurare autem in infinitum licet. Sed,
« an judex modum jurijurando statuere possit,
« ut intra certam quantitatem juretur, ne ac-
« cepta occasione in immensum juretur quæro.
« Et quidem in arbitrio esse judicis deferre jus-
« jurandum necne, constat. An igitur, qui pos-
« sit jusjurandum non deferre, idem possit et
« taxationem jurijurando adjicere, quæritur.
« Arbitrio tamen bonæ fide judicis etiam hoc
« congruit. Item videndum an possit judex qui
« detulit jusjurandum, non sequi id, sed vel
« prorsus absolvere, vel etiam condemnare,
« quam juratum est. Et magis est ut ex magna
« causa et postea repertis probationibus pos-
« sit » (1). On pourrait à la rigueur concilier ce
texte avec la loi 68 en disant qu'il n'est relatif
qu'aux actions de bonne foi. Ulpien traite, en
effet, dans le premier paragraphe de la loi 4
de l'*action tutelæ*, et, dans le passage que nous

(1) L. 4, § 2, 3; D., n. tit.

avons transcrit, on remarque ces mots : « arbi-
« trio tamen bonæ fidei judicis etiam hoc con-
« gruit. » On peut donc croire qu'Ulpien n'ac-
cordait pas au juge la même latitude dans une
action comme la *rei vindicatio*. Il nous paraît cependant plus raisonnable d'expliquer l'antinomie que nous rencontrons entre deux textes
du même jurisconsulte en disant que, de son
temps, notre question était discutée et que ses
idées s'étaient modifiées quand il écrivit la loi 4
de notre titre. Voici, en effet, un second texte
dans lequel Marcien, contemporain d'Ulpien,
applique aux actions réelles et à l'action *ad
exhibendum* les mêmes tempéraments qu'aux
actions de bonne foi : « In actionibus in rem,
« et in ad exhibendum, et in bonæ fidei judiciis
« in litem juratur. Sed judex potest præfinire
« certam summam usque ad quam juretur :
« licuit enim et a primo nec deferre. Item et si
« juratum fuerit, licet judici vel absolvere,
« vel minus condemnare » (1). Ce texte ne permet pas la distinction dont la loi 4 a donné
l'idée.

Sur quelles bases se formera, dans le *juramentum in litem*, l'appréciation du demandeur? La
plupart des interprètes estiment qu'il pourra
faire entrer en ligne de compte non-seulement
son intérêt matériel, mais encore son intérêt

(1) L. 5, pr., § 1, 2; D.; n. tit. Cf. Doneau. Pellat, *De la propriété*, p. 377; Savigny, *System.*, § 210. note *e*.

d'affection. Et ils donnent au serment estimatoire proprement dit le nom de *jusjurandum affectionis*. Ils appellent, au contraire, *jusjurandum
veritatis* le serment suivant lequel il devra jurer
la valeur exacte et matérielle du procès, et qui
trouvera place dans les actions *stricti juris* et dans
le cas de dommages provenant de faute légère,
si aucun autre moyen de preuve n'est possible.
Nous repoussons cette théorie, qui n'est rien
moins que romaine. Les Romains n'ont jamais
eu l'idée de faire intervenir pour l'évaluation
d'une indemnité à allouer des considérations
d'affection. Voici seulement ce que l'on peut
dire. Que ce soit le juge, que ce soit le demandeur qui ait à faire l'appréciation d'un dommage, tous deux doivent exprimer la même
chose : *quanti res est* et *quanti actoris interest*.
Mais il ne prennent pas le même point de départ. Le juge, entièrement désintéressé dans la
cause, prendra plutôt pour base de l'évaluation
du litige la considération de l'objet lui-même.
Quant au demandeur, il n'aura en vue que son
intérêt et risquera ainsi de donner une estimation subjective. Juge et demandeur arriveront
ainsi à des résultats souvent très-différents,
mais nous voyons quelle est la cause de cette
différence. Ainsi dans la loi 5, § 1, D., 2, 7, si
quod in veritate est est opposé à *quanti ea res est ab
actore æstimata* (et cette opposition se présente
encore 1. 2. C. h. tit.) *veritas* indique précisé-

ment la valeur objective par opposition avec l'estimation purement subjective qui émane du demandeur. Il faut entendre de la même manière le contraste contenu dans la loi 8 de notre titre : *quanti res est* et *quanti in litem juratum fuerit.*

On peut expliquer aussi fort naturellement et sans avoir besoin d'introduire aucune idée de considération d'affection, l'expression de la loi 4, § 2, D. n. tit. : *jurare autem in infinitum licet,* et celle de la loi 68, D., 6, 1 qui exprime la même idée : *quantum adversarius in litem sine ulla taxatione in infinitum juraverit.* Elles signifient seulement que le demandeur a le droit de manifester ses prétentions sans que le juge lui impose aucun maximum et de les porter aussi haut qu'il le croit convenable. Or il est dans l'ordre des choses que le demandeur, abstraction faite de toute considération d'affection, s'exagère à lui-même le dommage matériel qu'il a éprouvé et en fasse une évaluation excessive. Nous écartons donc comme inexacte et non romaine l'appellation de *jusjurandum affectionis* qu'on a voulu donner au serment *in litem* proprement dit (1).

La liberté d'appréciation laissée au demandeur qui jure *in litem* est un excellent moyen de contraindre le défendeur à exécuter l'ordre de restituer, lorsqu'il est encore en possession. Le

(1) Vangerow, *Lehrbuch,* II, § 270.

demandeur pourrait aussi, dans ce cas, se faire remettre *manu militari* en possession de sa chose; mais, en fait, le défendeur qui est encore en état d'obtempérer à l'ordre du juge, qui n'a pas perdu ou détruit la chose revendiquée, aimera généralement mieux restituer de lui-même que de s'exposer à subir l'énorme condamnation qu'entraînera contre lui le serment de son adversaire.

Cette condamnation aurait un caractère pénal. Le *jusjurandum in litem* déféré à l'adversaire est la peine de la *contumacia* du défendeur. Aussi ne pourrait-il être déféré contre ses héritiers. Il ne pourrait non plus être prêté au préjudice de ses fidéjusseurs (1).

Le juge ne doit d'ailleurs admettre à jurer *in litem* que le *dominus litis* ou bien celui qui *litem suo nomine contestatus est* (2). Le tuteur peut prêter le serment estimatoire, mais il est toujours libre de s'y refuser, et il en faut dire autant du curateur. Le mineur est capable de jurer *in litem;* quant au pupille impubère, le juge ne lui déférera jamais le serment; si on lui permet de prêter un serment décisoire, c'est parce que l'adversaire consent à s'en rapporter à sa parole (3).

(1) L. 13; D., 46, 1.
(2) L. 7; D., n. tit.
(3) L. 1, pr.; D., n. tit.

DROIT FRANÇAIS

A la fin du siècle dernier, l'institution du serment était devenue, nous avons eu déjà l'occasion de le dire, l'objet des plus vives critiques. Justement émus des scandales dont la délation du serment était trop souvent l'occasion, les plus éminents esprits, qu'il nous suffise de citer Lamoignon, Pothier, Montesquieu, s'étaient pris à douter de la moralité, de l'efficacité d'une pratique judiciaire féconde en parjures. La décadence de la foi religieuse et la diversité des croyances, en même temps qu'elles affaiblissaient dans les consciences la crainte d'un Dieu, vengeur du faux serment, devaient inspirer au législateur l'idée de séparer complétement le domaine du droit, du domaine de la religion. Quand la Convention prit l'initiative d'une réforme législative, la commission chargée de fondre nos anciennes coutumes en un code uniforme pour toute la France, se décida pour la suppression d'un acte moitié civil, moitié religieux, tel que le serment. « Nous avons pensé, dit Cambacérès dans son rapport à l'Assemblée, que la morale et la raison deman-

daient l'abolition du serment, créé pour servir
de supplément aux conventions, mais qui, au
lieu d'étayer le bon droit, ne fut presque toujours qu'une occasion de parjure. » Et la disposition qu'il présentait, dans son projet, était
la suivante : « Le serment judiciaire n'est pas
admis. » Un second projet, présenté également
par Cambacérès à la Convention, maintenait
l'abolition du serment. Enfin, il se trouvait également exclu du régime des preuves élaboré par
la commission nommée sous le Directoire, en
l'an IV.

Par un revirement singulier d'opinion, les
commissaires auxquels il était réservé de doter
la France du code civil, abandonnèrent la
théorie de Cambacérès et du droit intermédiaire.
Toutefois, dans une première rédaction, et
comme pour faire une dernière concession aux
idées qui avaient inspiré leurs devanciers, ils
ne nommèrent pas le serment; c'est à la simple
affirmation, dépouillée de tout caractère religieux, qu'ils donnaient la vertu de trancher
souverainement les procès. MM. Miot et Re-
gnauld de Saint-Jean-d'Angely s'étonnèrent
d'une innovation dont les inconvénients étaient
faciles à sentir, et, dans la séance du 2 frimaire,
an XII, ils demandèrent la substitution du mot
serment au mot affirmation. L'ancienne appellation, dirent-ils, est plus respectable, et jamais
personne ne se fera d'une fausse affirmation la

même idée que d'un parjure. Leurs conclusions furent adoptées, et, dans son rapport au Tribunat, M. Joubert entreprit de justifier l'emploi même du serment supplétoire, lequel prête surtout à la critique (1) ; puis répondant aux attaques des moralistes contre l'institution tout entière, il s'exprima en ces termes : « Ne nous arrêtons pas dans cette matière, à des idées trop défavorables à l'espèce humaine; n'examinons pas avec une analyse sévère si l'état des sociétés actuelles et les exemples effrayants de corruption qui nous affligent, doivent laisser subsister l'antique théorie du serment. Le législateur d'un grand peuple doit ne pas perdre de vue les faiblesses attachées à l'humanité ; mais il lui importe de coordonner ses institutions de telle manière, qu'elles consacrent le respect de la morale, et que la conscience publique soit la règle des consciences privées. Que le serment soit donc toujours regardé comme un supplément des lois civiles. »

Ainsi fut introduite dans le Code la théorie du serment. « Le serment judiciaire est de deux

(1) « Il peut arriver qu'une demande ne soit ni pleinement justifiée, ni totalement dénuée de preuves. Le juge est incertain, il hésite ; sa conscience ne sera pas tranquille s'il condamne purement et simplement le défendeur, ou s'il repousse purement et simplement le demandeur. Ne voyons-nous pas tous les jours des affaires où il est presque impossible à un homme impartial et éclairé de discerner la vérité? C'est alors que le juge peut assujettir au serment l'une ou l'autre des parties. Il aura fait tout ce qu'il aura pu, en appelant la religion au secours de la justice. »

sortes, dit l'art. 1357 : 1° celui qu'une partie
défère à l'autre pour en faire dépendre le jugement de la cause : il est appelé *décisoire.* 2° celui
qui est déféré d'office à l'une ou l'autre des
parties. » Après avoir parlé successivement de
ces deux espèces de serment, nous consacre-
rons un troisième titre à l'étude des formes et
de la procédure du serment.

TITRE PREMIER

Du serment déféré par la partie.

En admettant dans le code civil l'institution du
serment litisdécisoire, il est certain que nos
législateurs n'ont pas entendu innover. Nous
avons vu que, dans leurs délibérations, l'utilité du
serment fut contestée, ses inconvénients furent
signalés. On proposa de le supprimer ; il ne fut
pas question de le réformer, et, sa cause une
fois gagnée, il passa dans notre loi tel qu'il était
pratiqué au moment de la rédaction du Code.
La définition que l'article 1357 nous donne du
serment est de Pothier, et c'est dans Pothier
que nous devons chercher l'esprit et le déve-
loppement des dispositions fort courtes qui ont

été consacrées à notre sujet. Or, nous pouvons résumer la doctrine exposée au *Traité des obligations* (1) sur la nature et les effets du serment en montrant qu'il constitue un moyen de preuve et qu'il trouve sa force dans l'accord des parties qui conviennent de terminer par cette voie leur différend. Nous ne le ferons pas toutefois avant d'avoir remarqué que ces deux propositions sont la reproduction pure et simple des principes formulés par les jurisconsultes romains : « Interposito eo (jurejurando), ab « omni controversia disceditur (2). Jusjuran- « dum speciem transactionis continet (3). »

Que le serment soit un mode de preuve dans le sens large du mot, personne ne le conteste. Mais, s'il faut entrer dans la voie des distinctions, les mettrons-nous au nombre des preuves proprement dites, ou dans la catégorie des présomptions? On est amené à se poser cette question par l'antinomie des articles 1316 et 1350 du Code civil. Le premier énumère distinctement « la preuve latérale, la preuve testimoniale, les présomptions, l'aveu de la partie et le serment. » Le second indique comme constituant une présomption légale « la force que la loi attache à l'aveu de la partie ou à son serment. »

(1) N° 910 et suivants.
(2) L. 10; Dig., *De jurejurand*.
(3) L. 2; Dig., tit. cit.

Quelques auteurs, s'attachant aux termes de ce dernier article, veulent que le serment ne soit qu'une présomption. Si le juge, disent-ils, tient pour avéré le fait qui a été solennellement affirmé, c'est que la loi présume qu'un homme qui invoque le témoignage de Dieu lui-même, à l'appui de sa parole, ne saurait faire une déclaration mensongère. Sans doute, il y aura des gens qui, placés entre leur devoir et leur intérêt, seront assez malhonnêtes pour s'engager dans la voie du parjure. Mais la majorité hésitera à se rendre coupable d'un faux serment. De ce qui aura lieu le plus souvent, on conclut, en raisonnant par induction, que toute affirmation faite sous la foi du serment, doit être considérée comme l'expression de la vérité. Le serment prouve donc, mais sa force probante est fondée sur des inductions qui lui donnent tous les caractères des présomptions légales. C'est un moyen détourné et imparfait, quoique consacré par la loi, d'arriver à la connaissance d'un fait.

Les personnes qui professent une telle manière de voir ont sans doute raison, si on se place à un point de vue purement philosophique. Nous n'aurions, en effet, qu'à parcourir les meilleurs moyens d'arriver à la certitude, nous reconnaîtrions que tous, si on veut descendre jusqu'au fond des choses, laissent une certaine place au doute. En ce sens, on

peut dire que, sauf cependant la preuve mathé-
matique, aucune preuve n'est parfaite, et qu'il
n'existe que des présomptions. Mais c'est là,
nous le répétons, une théorie toute philosophique et qu'il n'est pas possible de trans-
porter du domaine de la raison pure dans celui
du droit positif. Elle consiste à confondre ce
que le Code civil a distingué. Pour le Code, en
effet, autre chose est une preuve, autre chose
une présomption. A tort ou à raison, cette division s'impose au jurisconsulte, les partisans de
l'art. 1350 devraient le comprendre, et ne pas
résoudre la question de savoir si le serment est
une preuve au moyen d'un raisonnement qui
tend à supprimer toute la catégorie des preuves.

Nous le demandons, en effet, si on veut
prendre pour critérium de la distinction établie
par la loi, le degré de certitude des divers
moyens de prouver, jusqu'où ne sera-t-on pas
conduit par les conséquences d'un tel principe?
On soutient que le serment n'est qu'une présomption, parce que la vérité de ce qui est juré
n'est que probable, et que l'attestation de la
divinité n'est pas une sûre garantie de la sincérité de celui qui jure? Est-il donc possible
d'ajouter une foi entière à la parole d'un témoin
dont les souvenirs peuvent être inexacts et la
conscience vénale? Et la preuve littérale elle-
même ne tire-t-elle pas sa force, en définitive,
d'une induction, donc la conclusion sera plus

ou moins certaine? Il faudrait donc, dans la
doctrine que nous combattons dire que la preuve
par témoins et la preuve par écrit ne sont que
des présomptions. Un pareil résultat condamne
tout le système et montre jusqu'à quel point il
est en contradiction avec la loi. Pour elle, il y
a preuve, dans le sens spécial du mot, toutes
les fois qu'un fait connu entraîne immédiatement la connaissance du fait à établir, sans que
l'esprit ait besoin d'aucun effort pour conclure
de l'un à l'existence de l'autre. On me présente
un acte authentique ou sous seing privé consta-
tant qu'une convention a été conclue entre deux
personnes. La loi déclare que cet acte est une
preuve, et, en effet, je n'ai pas besoin, pour
croire à l'existence de la convention, de réfléchir
longuement qu'il serait invraisemblable de
supposer un faux ou la rédaction, sans qu'il y
ait eu effectivement contrat, d'un acte régulier
en la forme. Et si on veut soutenir que je fais
ce raisonnement, c'est par une opération ins-
tantanée de mon esprit. La preuve littérale, et
on peut en dire autant de la preuve par témoins, a donc pour caractère de faire connaître
directement la vérité au lieu d'y conduire par
une voie déterminée, comme des traces laissées
sur le sol, mènent à la découverte de l'assassin.
C'est par ce caractère qu'elle se distingue des
présomptions dont l'influence est indirecte.
D'ailleurs remarquons que la preuve propre-

ment dite, qu'elle soit faite par écrit ou par témoignages, est toujours la déclaration, littérale
ou orale, par des étrangers ou par les parties
elles-mêmes, du fait qu'il s'agit de mettre en
lumière; déclaration faite ou provoquée dans le
but de servir de preuve. Autre n'est pas le rôle
de serment, ni de l'aveu auquel il se trouve as-
socié par la loi. Il n'y a pas de preuve qui aille
plus droit au but que l'aveu, la plus efficace de
toutes les preuves, disait-on autrefois, *probatio
probatissima*. Quant au serment, il se confond
avec l'aveu, s'il est refusé ; et, s'il est prêté, on
ne peut nier que l'affirmation de la partie qui
jure ne soit un moyen, plus ou moins sûr peut-
être, mais parfaitement direct, d'établir l'existence d'un fait.

Aux arguments de raison qui montrent que,
dans le système du Code, le serment constitue
un mode de preuve spécial et non une présomption de la loi s'ajoute cette observation qu'après
avoir mentionné le serment et l'aveu dans l'é-
numération de l'article 1350, les rédacteurs du
Code ont immédiatement réparé leur erreur. Au
lieu, en effet, de nous en faire connaître les
règles en même temps que celles des présomptions légales, ils ont jugé à propos de leur
consacrer des sections séparées. Cela montre
bien qu'il faut considérer comme un lapsus de
leur part le 4° de l'article 1350, bien loin d'en
faire la base d'un système. Nous nous expli-

quons d'ailleurs qu'ils se soient laissés entraîner
à mettre le serment dans la liste des présomptions légales. Il a, en effet, ceci de commun
avec quelques-unes d'entre elles, qu'aucun
moyen de preuve ne peut servir à combattre la
force qui lui est attachée par la loi. Il constitue
une preuve entière et indiscutable. C'est en ce
sens, mais en ce sens seulement, que Pothier
parle de la présomption résultant du serment.
Les rédacteurs ont cru peut-être utile de le
nommer, comme Pothier, à la suite des autres
prescriptions de la loi, sans vouloir plus que
lui le leur assimiler complétement (1).

Le serment, et c'est ce second caractère qui
lui donne sa physionomie originale, tire son
influence décisive d'une sorte de transaction
intervenue entre les parties. A défaut de l'accord des volontés, si, par exemple, il n'avait
pas été déféré, le serment prêté n'aurait évidemment aucun effet; il n'en serait pas tenu
plus de compte que d'une simple affirmation.
Mais, s'il est prêté en exécution de la convention des parties qui ont résolu de trancher
ainsi leur contestation, il acquiert une force
toute puissante. « L'effet du serment, dit
Pothier, est une conséquence de ce principe de
droit naturel : « Quid tam congruum fidei
« humanæ, quam ea quæ inter eos placuerunt

---

(1) En ce sens, Bonnier, *Traité des preuves*, t. I, n° 29; Marcadé, art 1350.

« servare (1). » En effet, lorsque l'une des parties défère à l'autre le serment sur ce qui fait l'objet de la contestation qu'elles ont ensemble, pour en faire dépendre la décision, et que celle des parties à qui le serment est déféré accepte la condition, et, en conséquence, rend son affirmation, ou déclare être prête à la rendre, il en résulte une convention par laquelle ces parties conviennent de s'en tenir à ce que la partie a affirmé, de laquelle convention naît une obligation qui contraint la partie qui a déféré le serment de s'en tenir à ce qui aura été affirmé, ce qui l'exclut de pouvoir demander à faire aucune preuve du contraire (2). » Dans les discussions préparatoires de notre Code, nous voyons que ses rédacteurs ne se méprirent pas sur la nature du serment. Voici en quels termes Bigot-Préameneu se fit l'interprète de l'idée de Pothier : « Ce sont ces différents motifs, et la sorte de transaction qui intervient, qui ont fait donner au serment décisoire respectivement à celui qui l'a déféré ou référé et respectivement à ses héritiers ou ayants cause toute la force d'une présomption *juris et de jure*, contre laquelle aucune preuve, pas même celle de pièces nouvellement retrouvées, n'est admise. » Et ailleurs : « Le serment décisoire étant, dit-il, regardé comme une convention

(1) L. 1 ; Dig., *De pactis.*
(2) *Traité des obligations*, n° 915.

8

entre celui qui prête le serment et celui qui le
défère, il suit de là que.... » Les principes de
Pothier et de Bigot-Préameneu ont passé dans
le Code, et nous en retrouvons, jusqu'à un certain point, la reproduction dans le texte même
de ses articles. L'art. 1357, exige que le serment
soit prêté en vertu de la délation qui en est
faite par l'adversaire, c'est-à-dire, de son consentement. La partie sommée de jurer à la faculté de s'y refuser en référant le serment,
(art. 1361). Et, lorsqu'il est prêté, il ne forme
preuve, nous dit l'art. 1365, « qu'au profit de
celui qui l'a déféré ou contre lui, et au profit
de ses héritiers ou ayants cause ou contre eux. »
Autrement dit, le serment, comme la convention, ne produit d'effet qu'entre les parties
contractantes (art. 1165). C'est qu'il est convention lui-même.

Le serment est judiciaire ou extrajudiciaire.
Dans les deux cas, sa puissance tient à son caractère transactionnel. Il faut remarquer toutefois que la convention qui sert de base au serment déféré en justice, suit des règles qui lui
sont propres. La délation du serment judiciaire
ne peut être, en effet, repoussée purement et
simplement comme une offre ordinaire de transaction. Celui qui la reçoit est obligé de prêter
serment, ce qui peut déplaire à sa conscience,
ou de le déférer à son adversaire, ce qui com-
promet singulièrement ses intérêts.

Doneau signale entre la transaction et le serment une seconde différence qui s'applique aussi lorsqu'il est extrajudiciaire. « Et certe « jusjurandum transactio non est. Nam trans- « actione de lite deciditur, id est ita a lite de- « ceditur ut neque actor totum remittat quod « petit, neque etiam totum accipiat. At jureju- « rando sic lis deciditur ut, si actor jurat, totum « accipiat quod petit. Si reus, totum reo remit- « tatur, et ideo non dicitur jusjurandum tran- « sactio esse, sed instar transactionis obti- « nere (1). »

Du double caractère du serment se déduisent les règles auxquelles il est soumis et les effets qui en découlent. Nous allons nous livrer à l'é- tude des uns et des autres. Au sujet du serment judiciaire, nous aurons à nous demander :

1° Sur quels faits il peut être déféré ;

2° Qui peut le déférer ;

3° A quelles personnes il peut être déféré ;

4° Dans quelles contestations il peut l'être ;

5° Quels sont les effets de la délation et de la prestation du serment.

Quant au serment extra-judiciaire, son impor- tance étant beaucoup moins considérable, il nous suffira de lui consacrer quelques mots, sous forme d'appendice à la théorie du serment dé- féré en justice.

---

(1) Don., *ad legem ult.*; Cod. 4. 1.

CHAPITRE I".

SUR QUELS FAITS PEUT ÊTRE DÉFÉRÉ LE SERMENT.

Lorsqu'un plaideur, n'a pas les moyens de faire autrement la preuve de son droit, il lui reste une ressource, c'est de déférer le serment à son adversaire. Toutefois, le serment ne serait pas recevable si les faits sur lesquels il doit porter n'étaient pas personnels à la partie qui doit jurer, et de nature à entraîner, une fois prouvés, la décision du litige.

1° *Il faut qu'ils soient personnels à celui qui doit jurer.* — L'art. 1359 l'exige, et c'est une règle de bon sens : on ne comprendrait pas, en effet, qu'une personne eût à se prononcer sur des faits qui, lui étant étrangers, lui seront le plus souvent inconnus. Nous dirons donc qu'une partie n'est pas obligée de rendre le serment sur le fait d'une autre personne dont elle est héritière, ou plus généralement dont elle tient ses droits; car, dit Pothier, «je ne puis ignorer mon propre fait, au lieu que je ne suis pas obligé de savoir ce qui est du fait d'un autre à qui j'ai succédé.» On a néanmoins toujours admis, dans notre droit, que le serment peut être déféré à la veuve et à l'héritier de celui auquel on prétend que le fait est personnel, non pas, bien entendu, sur le fait lui-même, mais sur le point de savoir si cette veuve ou cet héritier n'en a pas personnellement connaissance. Le droit ancien donnait à ce serment le nom de *jusjurandum credulitatis*, et on l'appelle aujourd'hui serment de crédibilité. Quelques personnes ont contesté qu'il soit admis par le Code; elles fondent leur opinion sur la disposition de l'art. 2275. Cet article, après avoir décidé que le serment pourra être déféré à ceux qui opposent de courtes prescriptions comme preuve du payement d'une dette dont ils se disent libérés, ajoute : « Le serment pourra être déféré aux veuves et héritiers ou aux tuteurs de ces derniers, s'ils sont mineurs, pour qu'ils aient à déclarer s'ils ne savent pas que la chose soit due. » C'est, dit-on, par exception que l'art 2275 permet le serment de crédibilité; donc, en règle générale, il ne peut être déféré. Cette manière de raisonner n'est pas sérieuse, et, en effet, il est tout aussi naturel de voir dans l'art. 2275, au lieu d'une exception, la manifestation d'un principe que le législateur a cru superflu d'exprimer. D'ailleurs, nous trouvons dans l'art. 189, Cod. comm., une autre application de la règle. D'après cet article, ceux à qui on oppose la prescription de cinq ans sur une action relative à une lettre de change, ou à un billet à ordre, peuvent pareillement déférer le serment aux veuves, héritiers ou ayants cause des prétendus débiteurs, pour qu'ils aient à déclarer s'ils estiment de bonne foi qu'il n'est rien dû. Il est fort rationnel, en effet, de supposer qu'une veuve ou des héritiers connaissent les affaires du défunt, et il est à désirer que la position de celui qui eût pu déférer le serment décisoire à son adversaire ne soit pas empirée par la mort de celui-ci. Or, remarquons que ces motifs ont une portée générale. Il serait donc extraordinaire que la loi eût voulu prohiber, en dehors du cas spécial des art. 2275 et 189, l'application du serment de crédibilité. Et rien ne prouve que telle ait été son intention. Comme en témoigne Pothier (1), on avait fréquemment recours à cette espèce de serment dans notre ancien droit. Il eût donc fallu, pour en interdire l'usage, une disposition abrogatrice expresse. Or, nous voyons, au contraire, la volonté de le maintenir, exprimée dans le rapport au Conseil d'Etat de Bigot-Préameneu, sur l'art. 1369 : « Des héritiers ne peuvent, dit-il, être tenus d'affirmer qu'il était dû ou qu'il n'était pas dû à leur auteur ; seulement ils seraient tenus d'accepter le serment sur ce qui peut être parvenu à leur connaissance » (2).

2° *Il faut qu'ils soient de nature à entraîner la*

(1) *Traité des obligations*, n° 819.
(2) Fenet., t. XIII, p. 407. En ce sens : Marcadé, art. 1360 ; Duranton, t. XIII. n° 530 ; Massé et Vergé, t. III, § 608.

décision du litige. — Car s'ils n'étaient pas tels que leur constatation emportât, au moins sur l'un de ses chefs, la solution du débat, le serment ne mériterait pas le non de décisoire, et le tribunal devrait repousser, comme inutile, la délation qui en est faite. A quoi servirait qu'il fût prêté? *Frustra probatur quod probatum non relevat.*

Dans quel cas, dira-t-on, que le fait sur lequel doit porter le serment est concluant? Ce n'est pas là une question de droit, mais un point de fait qu'il faut abandonner à l'appréciation des tribunaux, et qu'ils résoudront d'après les cironstances de la cause, sans que leur décision puisse tomber sous la censure de la Cour de cassation.

Il est parfaitement établi, en jurisprudence comme en doctrine, qu'un fait reconnu non relevant ne peut donner lieu au serment décisoire. Mais, dans le cas où le fait est décisif, l'accord cesse d'exister. Les auteurs enseignent, en effet, que chaque partie a, toujours et en tout état de cause, le droit de déférer le serment à son adversaire, et que le juge ne peut s'opposer à ce qu'il soit prêté. Au contraire, les Cours d'appel, et même la Cour de cassation, décident que la délation du serment n'est pas obligatoire pour le juge, qu'il peut se faire

(1) Cass. 5 mai 1552.

l'appréciateur, non-seulement de sa régularité,
mais aussi de son opportunité, et déclarer qu'il
n'y sera pas donné suite. Voici les motifs sur
lesquels se fonde cette jurisprudence :

1° Les dispositions du Code, relatives au serment décisoire, tout en paraissant donner aux
parties, d'une manière absolue, le droit de le
déférer, ne sont pas cependant assez précises
pour qu'on en puisse conclure qu'en présence
d'une délation de serment, le juge cesse d'être
le maître de faire usage des voies d'instruction
qui lui paraissent utiles et d'en repousser une
qui est, à ses yeux, superflue ou contraire aux
convenances de l'affaire. Si donc le serment
était déféré par l'une des parties, alors que d'autres moyens de preuve invoqués par elle ont
déjà permis au tribunal de se former une conviction, il refusera, et il a droit de refuser, de
tenir compte de cette délation. « Attendu, lisons-
nous dans un arrêt de la Cour suprême (1),
qu'en cet état le serment ne pouvait être utilement ni déféré, ni admis, puisque l'instruction
contenait des éléments certains et suffisants
pour le jugement du procès, et que le juge
peut, selon les circonstances, admettre ou refuser le serment. »

2° Ce qui confirme le libre pouvoir laissé au
juge d'apprécier s'il doit être donné suite à

(1) Rejet. 11 nov. 1869.

l'offre de serment faite par la partie, c'est la
formule même de l'art. 1358 : « Le serment décisoire *peut* être déféré sur quelque contestation
que ce soit. » Il *peut* être déféré, dit la loi. Ces
mots laissent au juge le soin de prononcer s'il
doit l'être, et d'ordonner, au besoin, qu'il n'y a
pas lieu de le prêter. Pour lui dénier ce pouvoir,
il faudrait un texte qu'on ne trouve nulle part.
Au contraire, l'art. 120 Pr. civ., montre que,
« si l'initiative du serment appartient aux parties, » il est du devoir du juge d'examiner : « Si
la partie peut, dans les circonstances de la cause,
donner suite à l'usage qu'elle prétend faire de
la faculté de déférer le serment » (1). Aux termes de cet article : « Tout jugement qui ordonnera le serment..., etc. » Donc, c'est en vertu
d'une décision du juge que le serment sera
prêté. Or, qu'aurait il besoin d'en ordonner la
prestation s'il ne dépendait pas de lui de l'interdire ?

3° Le serment est une transaction, et, à ce
titre, il dépend de la volonté des plaideurs,
Mais il ne faut pas perdre de vue que c'est une
transaction à laquelle la partie qui reçoit la
délation n'est pas libre de se soustraire. A ce
égard, le serment n'est pas un acte ordinaire ;
il entreprend sur la conscience et sur le for
intérieur ; il importe donc qu'il ne soit pas dé-

(1) Rejet. 1er mars 1859.

féré sans nécessité et que les parties n'en fassent pas légèrement un usage qui deviendrait bientôt le plus scandaleux abus. Notre droit n'admet pas le *jusjurandum de calumnia* des Romains. Le seul remède que nous ayons contre les délations de serment superflues ou faites par esprit de chicane, c'est le pouvoir d'appréciation du juge. Que l'on veuille bien, à un autre point de vue, observer que, le serment une fois prêté, le juge est tenu d'y conformer sa sentence. S'il n'a pas le droit de repousser un serment qui tend à anéantir des faits acquis au procès, il se verra contraint de rendre un jugement contraire peut-être à sa conviction et à l'évidence. Lui imposer une telle obligation, n'est-ce pas porter une grave atteinte à la dignité de son ministère (2) ?

Ces raisons, qui déterminent la jurisprudence, nous touchent peu. Nous ne nions pas qu'en fait, la liberté laissée aux parties de se déférer le serment ait des inconvénients ; que certains plaideurs ne soient portés à faire d'une chose sainte le plus déplorable usage. Mais, nous soutenons que nos tribunaux ont tort de leur contester un droit qui leur appartient, et qu'en se faisant juges de l'opportunité de la délation de serment, ils commettent eux-mêmes un abus que les auteurs ont raison de signaler.

(2) En ce sens : Toullier X, n° 404; Massé et Vergé, III, § 608; Limoges, 10 mai 1845; Cass., 23 avril 1839; 11 nov. 1869.

Leur système nous paraît si arbitraire et si contraire au droit, que nous nous étonnons qu'il ait pu trouver place sous le patronage de la Cour suprême.

D'abord, il méconnaît la nature et les caractères les plus essentiels du serment. Ses partisans perdent de vue que le serment est une transaction, que c'est l'accord des volontés qui fait sa force, que, lorsque les parties jugent à propos de se le déférer, le débat change de face, en sorte que ce n'est plus du juge, mais de ce qui sera jugé, qu'il en faut attendre la solution. Dans notre droit, comme en droit romain, on peut dire que le serment supplée au jugement, en ce sens que, lorsqu'il est prêté, le rôle du magistrat se borne à constater ce qui a été affirmé. Sa responsabilité cesse lorsque le procès se transforme par suite d'une délation de serment; et, si la sentence est inique, la dignité du juge ne saurait en souffrir, car la partie lésée ne peut s'en plaindre qu'à la loi ou à elle-même, et jamais à lui.

Pour la jurisprudence, le serment décisoire cesse d'être ce qu'il était du temps de Pothier, ce qu'il était en droit romain : la faculté donnée aux parties d'abréger les discussions et de mettre fin au débat à l'aide d'une arme qui ne débrouille pas les questions, mais qui les tranche. Dans la nouvelle théorie, à laquelle on ne trouve d'appui dans la loi qu'en torturant le sens des textes, le serment n'est plus qu'un mode de preuve ordinaire, dont la convenance est laissée à l'arbitrage du juge. On distingue à peine, dans cette manière de voir, si c'est le juge ou la partie qui le défère, on en vient même, comme nous le verrons plus tard, à confondre le serment décisoire et le serment supplétif. C'est aller directement contre une distinction clairement établie dans la loi. Un tel système tombe devant la seule définition du serment décisoire. «C'est celui, nous dit l'article 1357, que l'une des parties défère à l'autre, *pour en faire dépendre le procès.* » Si le juge s'arroge le droit d'admettre ou non la délation de serment, ce ne sera plus de cette délation, mais de sa décision, que dépendra le procès.

On prétend trouver, dans l'art. 1358, la preuve du droit d'appréciation qu'on attribue au magistrat. Mais à qui paraîtra sérieux l'argument qu'on tire de cet article? « Le serment, y lisons-nous, *peut* être déféré sur quelque espèce de contestation que ce soit. » Qui ne voit que cet article ne confère aucun pouvoir au juge, et que son but est uniquement de déterminer l'é-tendue du droit, donné seulement à la partie, de déférer le serment? Quant à l'art. 120 Pr. cr., qui est cité à l'appui du même argument, il est non moins extraordinaire de le voir invoquer par la jurisprudence. D'abord, cet article vise principalement le serment supplétoire, qui est

déféré par le juge ; il n'est donc pas étonnant
que la prestation en soit ordonnée par un jugement. Mais nous disons que le serment décisoire lui-même sera, non pas toujours, mais
souvent, ordonné par le juge, sans que, pour
cela, il dépende de lui d'en interdire la délation. Tout jugement n'est pas une décision libre
et raisonnée du tribunal. Lorsque, par exemple,
une obligation a été contractée sous une condition résolutoire expresse, les parties, en cas
de contestation, iront sans doute devant le juge;
mais celui-ci sera lié par la stipulation des parties, et son rôle sera uniquement d'examiner si
la condition était licite et si elle est accomplie.
Dans le cas où une partie défère à l'autre le
serment, un jugement est nécessaire si cette
dernière nie la régularité de la délation et la
pertinence des faits sur lesquels il doit porter.
Et même , dans le cas où aucune contestation
ne s'élève, il est presque toujours utile qu'un
jugement intervienne pour ordonner la compa-
rution personnelle de la partie qui doit jurer et
fixer le jour où sera reçue la prestation de serment. Il ne faut donc pas argumenter de l'article 120, Pr. civ., en faveur du prétendu pouvoir d'appréciation du juge.

Devons-nous ajouter que la jurisprudence
s'exagère le danger des serments déférés par
esprit de chicane contre lesquels nous n'avons
pas le remède du *jusjurandum calumniæ?* Les

plaideurs de vocation trouveront, en effet, que le serment est un moyen trop prompt de terminer un procès ; ils aimeront mieux chercher dans l'arsenal du Code de procédure d'autres moyens de retarder l'œuvre de la justice et de prolonger une contestation désagréable à leur adversaire.

En résumé, le droit est certain : le juge ne peut s'opposer à la prestation dn serment déféré par l'une des parties sur un fait de nature à entraîner la décision du litige (1).

Quoiqu'il soit de principe que le serment décisoire doit mettre fin à la contestation, rien n'empêche qu'il soit déféré sur les incidents d'une instance. Il est vrai qu'alors le serment prêté ne termine pas le procès ; mais il termine les questions soulevées incidemment, lesquelles peuvent être envisagées dans certains cas comme autant de procès distincts (2).

CHAPITRE II.

PAR QUI PEUT ÊTRE DÉFÉRÉ LE SERMENT.

Le serment est une transaction. Ce principe nous fixera sur le point de savoir quelles personnes peuvent le déférer. Nous donnerons

(1) Marcadé, art. 1358; Bonnier, *Traité des preuves*, n° 304 ; Boncenne, *Procéd*, 2, p. 494; Colmet de Santerre, *Revue critique*, XXV, p. 484.
(2) Bruxelles, 22 avril 1830.

comme règle que tout le monde est capable de
le déférer, sauf à faire les restrictions suivantes :

1° Il y a des personnes qui n'ont pas la disposition de leurs droits, soit que leur intelli-
gence soit réputée trop faible pour qu'on puisse
leur abandonner à elles-mêmes le soin de leurs
propres intérêts, soit qu'elles se trouvent dans
un état de dépendance qui leur ôte leur liberté
d'action. Quelle est, à l'égard du serment, la capacité de ces personnes?

En premier lieu se place le mineur; il ne peut
aliéner, il ne peut ester en justice, il ne peut
contracter : triple raison de lui refuser le droit
de déférer le serment. A son tuteur, qui plaide
pour lui, d'en faire la délation, si, dans le procès où il est engagé, il n'y a pas d'autre moyen
de défendre ses intérêts ; mais le tuteur est-il
libre d'y recourir, s'il le juge convenable? Le
droit d'ester en justice, au nom de son pupille,
lui confère-t-il celui de soumettre au serment de
l'adversaire la décision du débat toutes les fois
qu'il croit utile de faire appel à cette extrême
ressource? Nous ne le pensons pas. Plaider, c'est
confier à la sagesse du tribunal la décision de
la contestation qui intéresse le mineur. Déférer
le serment, c'est quelque chose de plus grave,
puisque l'effet d'un tel acte sera de mettre la
cause entre les mains de l'adversaire. Un compromis serait moins dangereux pour le mineur,

car on pourrait compter sur l'impartialité d'ar-
bitres désintéressés dans le débat ; et cependant
il est interdit à un tuteur de compromettre. Une
transaction ordinaire aurait l'avantage de ne
pas exposer le pupille à tout perdre, et cependant ce n'est qu'en se conformant aux prescriptions de l'art. 467 que le tuteur peut transiger.
Il serait bien étonnant qu'il eût la capacité de
déférer le serment sans prendre, avant de conclure la transaction *sui generis* qui résulte du serment déféré, l'autorisation du conseil de famille
et l'avis de trois jurisconsultes. D'ailleurs, à quoi
aboutirait-on si le serment pouvait être mis en
usage au gré du tuteur et sans garantie pour
l'incapable ? Sans aucun doute, celui-ci pourrait, une fois devenu majeur, se fonder sur
l'art. 481 pr. civ. pour attaquer, au moyen de
la requête civile, la décision rendue, et faire
ainsi revivre le procès. Le serment arbitraire-
ment déféré par le tuteur n'entraînerait donc
pas la solution définitive du débat ; c'est dire
qu'il ne serait pas valablement déféré (1).

Quelques auteurs, tout en admettant en principe que le tuteur ne peut déférer le serment,
dans une cause qui intéresse le pupille, sans se
conformer aux prescriptions de l'art. 467, pro-
posent de lui accorder le droit d'y recourir librement dans les procès de peu d'importance

(1) Toullier, X, nᵒˢ 375-376 ; Aubry et Rau, VI, p. 318 ; Larombière, *Traité des obligations*, V, art. 1360.

où il s'agit d'actes de pure administration et qui
n'exigent pas l'approbation du conseil de famille. Il faudrait ainsi faire, suivant la nature
de la contestation, une distinction dont le germe
se trouve dans l'art. 500 de la coutume de Bre-
tagne : « Aussi ne peut ledit tuteur ou curateur
compromettre, transiger, déférer le serment
décisif ès-cause héritelle et de meubles riches et
précieux, sans l'avis de parents et décrets de
justice. » Nous sommes assez disposés à suivre
le système proposé. Il est bon, en effet, que,
dans un procès d'un intérêt minime, les pouvoirs du tuteur ne soient pas entravés et la solution retardée par la nécessité d'observer les
formalités gênantes de l'art. 467. Du reste, la
responsabilité du tuteur suffira presque toujours, en pareil cas, pour mettre le mineur à
l'abri de toute chance de perte, et, à la rigueur,
on peut dire que le tuteur, en transigeant, n'en-
gage ici que lui-même (1).

L'émancipation conférerait-elle au mineur le
droit de disposer de ses intérêts par une délation de serment? Non, évidemment, car son but
est uniquement d'attribuer à l'émancipé certains
pouvoirs d'administration. Elle le laisse dans
l'incapacité d'aliéner et, en particulier, de transiger sans l'accomplissement des formalités légales.

_____

(1) Cf. Toullier, X, n° 375; Aubry et Rau, VI, p. 348, note 4
Larombière, art. 1359.

y

L'interdit, l'aliéné pourvu d'un administrateur provisoire doivent être, en tout point, assimilés au mineur, et le prodigue ne pourrait faire, sans son conseil, une délation de serment valable.

Reste la femme mariée; son incapacité de disposer par la voie du serment sera plus ou moins complète suivant les circonstances. La contestation porte-t-elle sur des biens dotaux? L'autorisation même du mari ne la rendrait pas capable; il en serait différemment si nous supposons la femme placée sous l'empire du droit commun; alors, elle peut, moyennant l'autorisation de son mari ou de justice, contracter, plaider, transiger. Dans le cas exceptionnel où la femme, séparée de biens, jouit de la libre disposition de son mobilier (art. 1449), nul doute qu'elle ne puisse, en ce qui concerne cette classe de biens, plaider et déférer le serment, pourvu toutefois qu'elle soit autorisée à ester en justice.

2° Il existe un grand nombre de cas où une personne, qui est par elle-même parfaitement capable, ne pourra déférer le serment, parce qu'elle agit au nom d'autrui et en qualité de mandataire. Si son mandat est conventionnel, il faut, pour connaître ses pouvoirs, rechercher ce qui a été convenu entre elle et le mandant. Il n'y aura pas de difficulté si une clause expresse du contrat confère au mandataire le droit de déférer le serment; mais dans le cas où rien de précis n'est stipulé à l'égard du serment, le mandataire sera rarement admis à y recourir, quelque larges que soient les termes du mandat. Il a même été décidé, en jurisprudence, que la faculté de transiger n'implique pas le pouvoir de déférer le serment (1). Quoi qu'il en soit, il est certain qu'on ne peut résoudre qu'en fait la question de savoir qu'elle est l'étendue d'un mandat conventionnel.

Mais que dire des administrateurs légaux ? La règle est encore ici que leur capacité, en ce qui concerne la délation du serment, dépend de la nature de leur mandat; seulement c'est de la loi qu'ils tiennent leurs pouvoirs, et c'est en droit que se pose la question de savoir jusqu'où vont ces pouvoirs. A la tête des administrateurs légaux se place le mari; il est d'abord, en sa qualité de chef de la communauté, maître absolu des biens dont elle se compose; il peut en disposer au moyen d'une délation de serment comme de toute autre manière. Quant aux biens de la femme, le mari a le pouvoir de les administrer, mais non d'en disposer; il est vrai qu'il a le droit d'exercer seul les actions mobilières et les actions immobilières possessoires (art. 1428), ou même pétitoires (art. 1549) relatives aux biens de sa femme. Seulement, nous l'avons

(1) Rouen, 21 février 1842.

déjà dit, autre chose est plaider, autre chose
mettre la cause entre les mains de l'adversaire.
Il en résulte que le droit d'agir en justice n'emporte pas celui de déférer le serment.

Des mêmes motifs il faut conclure qu'un
avoué qui déférerait le serment, sans avoir reçu
de pouvoir exprès à cet égard, excéderait son
mandat et s'exposerait à l'action en désaveu
(art. 352 pr. civ.). Nous déciderions aussi que le
droit de déférer le serment n'appartient ni à un
maire qui plaide au nom de sa commune, ni au
syndic d'une faillite à moins qu'il ne soit régulièrement autorisé par le juge commissaire
(art. 487, C. com.).

Remarquons, en terminant, que, dans tous les
cas où le serment est déféré par une personne
incapable, l'adversaire, qui se trouve ainsi irrégulièrement sommé de jurer, peut s'y refuser
sans s'exposer à perdre son procès et obtenir
que la délation de serment soit considérée comme
non avenue.

CHAPITRE III.

A QUI LE SERMENT PEUT ÊTRE DÉFÉRÉ.

Nous répondrons à cette question en disant :
1° Que le serment peut être déféré à quiconque
est partie au procès, en ce sens qu'à moins

(1) Nîmes, 12 janvier 1848.

d'être étranger au débat, personne n'est incapable de jurer. Supposons qu'un plaideur déclare soumettre l'issue de la cause au serment
d'un adversaire qui est une femme mariée ou un
mineur. Il ne pourra, si la confiance qu'il témoigne à son adversaire le fait condamner,
venir attaquer le jugement rendu; car « les
personnes capables de s'engager ne peuvent
opposer l'incapacité du mineur, de l'interdit
ou de la femme mariée avec qui elles ont con-
tracté » (art. 1125). Quant à l'incapable, le serment ne pouvant lui être qu'utile, il n'aura jamais à regretter de l'avoir prêté; ainsi s'explique qu'il jure valablement.

Pour ce qui est des personnes qui ne sont plus
parties au procès, le bon sens commande que le
serment ne leur soit pas déféré, et les dispositions du Code sont formelles sur ce point. Nous
en conclurons qu'un mari qui n'a été mis en
cause que pour autoriser sa femme à ester en
justice ne peut pas être appelé à prêter le serment même sur un fait personnel aux deux
époux. Il a été jugé d'après le même principe
que le cohéritier qui exerce le retrait successo-
ral (art. 841) doit déférer le serment sur la sincérité du prix de cession au cessionnaire et non
à son cohéritier cédant (1).

Notre règle exclut aussi du droit de prêter

(1) Dallez, V° Obligations, n° 5233.

serment le syndic de faillite, l'avoué, l'administrateur d'un établissement public, le mari en ce
qui concerne la gestion des biens de sa femme,
plus généralement le mandataire légal ou conventionnel. Toutefois nous admettrions que si
le fait sur lequel porte le débat est personnel au
mandataire et que celui-ci ait été mis en cause
tant en son nom qu'au nom d'autrui, il pourrait être appelé à jurer. Voici un exemple qui
fera comprendre notre pensée. Une personne a
reçu pouvoir de toucher ; elle a été payée mais
n'a pas donné quittance ; si elle assigne de nouveau le débiteur, celui-ci pourra lui déférer le
serment sur le fait du paiement. Il n'est peut-
être même pas nécessaire d'exiger, en pareil
cas, la mise en cause du mandataire, ce qui
n'est d'ailleurs qu'une condition de forme facile
à remplir (1).

Les tuteurs, qui plaident au nom de leur pupille, ne sont pas personnellement en cause. Ils
ne pourront donc prêter serment. L'art. 2275
leur confère cependant le droit de rendre un
serment de crédulité, dans le cas où il serait
déféré au sujet d'une courte prescription : « Le
serment pourra être déféré aux veuves et héritiers, ou aux tuteurs de ces derniers, s'ils sont
mineurs, pour qu'ils aient à déclarer s'ils ne
savent pas que la chose soit due. » Cette dispo-

(1) Cf. Larombière, art. 1359, nᵒˢ 8 et 9 ; Aubry et Rau, VI,
p. 351.

sition, étant exceptionnelle, ne doit pas être
généralisée. Nous hésiterions même à l'étendre
au cas prévu par l'art. 189, C. com., quelque
analogie qu'il présente avec l'hypothèse de
l'art. 2275.

Le serment peut être déféré à une société sur
un fait social; dans ce cas, chacun des associés
représentant la société peut prêter le serment,
pourvu cependant qu'il soit mis en cause. Le
serment prêté ainsi par l'un des associés profite
à tous les autres. Mais si le fait n'intéresse que
l'un d'eux, le serment ne peut être prêté que par
lui seul (art. 1857 et suivants).

2° Que le serment ne peut être déféré à certaines personnes, en ce sens qu'elles ne sont pas
tenues de le prêter. Ces personnes sont toutes
celles qui n'ont pas la libre disposition de leurs
droits. La délation qui leur est faite du serment
n'est pas obligatoire pour elles. Si elles le prêtent,
elles en profitent; si elles le refusent ou le ré-
fèrent, leur droit ne s'en trouve nullement compromis, car elles ne peuvent rien faire qui rende
leur condition pire. La proposition qui leur est
faite de jurer sera, quand elles ne l'acceptent
pas, considérée comme non avenue. On voit
donc que déférer le serment à un incapable est
uniquement un acte d'imprudence; c'est livrer
sa cause à l'arbitrage d'un adversaire peut-être
peu consciencieux, sans mettre de son côté aucune bonne chance.

CHAPITRE IV.

DANS QUELLES CONTESTATIONS PEUT ÊTRE DÉFÉRÉ LE SERMENT.

L'art. 1358 pose en principe : « Que le serment peut être déféré sur quelque contestation que ce soit. » Et nous dirons qu'il peut l'être, en effet, sur le pétitoire comme sur le possessoire, dans les actions réelles comme dans les actions personnelles, sur les exceptions comme sur les demandes.

Il ne faudrait pas croire cependant que l'admission du serment ne soit soumise à aucune restriction. Le serment constitue, en effet, c'est un principe auquel nous devons toujours revenir, une espèce de transaction. Il ne pourrait donc être déféré dans tous les cas où le procès porte sur des intérêts non susceptibles de faire l'objet d'une transaction. D'autre part, il ne pourrait intervenir et le juge devrait en déclarer la délation non avenue si l'effet de sa prestation devait être de contrevenir à quelque disposition formelle de la loi. Ces deux causes de limitation de la règle de l'art. 1358 méritent quelques développements.

1° D'abord, disons-nous, le serment ne peut être déféré dans une contestation que les parties n'auraient pas le droit de terminer au moyen d'une transaction. Ainsi, par exemple, le serment n'est pas recevable en matière de séparation de corps. On sait que les motifs sur lesquels peut se fonder une demande en séparation ont été nettement déterminés par la loi. Le juge n'admettra pas, comme preuve du bien-fondé de la demande, l'aveu de la partie défenderesse ou le serment du demandeur ; ce serait, en effet, ouvrir la porte à des collusions entre époux et autoriser indirectement ce que la loi a formellement prohibé, la séparation par consentement mutuel (art. 307). Par une sorte de réciproque, le serment ne devrait pas non plus être admis dans une instance en validité de mariage, quand l'une des parties prétend établir qu'elle est mariée avec l'autre. Mais celui qui a intérêt à prouver que son adversaire est le conjoint d'un tiers, peut sans contredit lui déférer le serment à ce sujet (2).

Les auteurs ne sont pas d'accord sur le point de savoir si les questions de filiation peuvent être tranchées par la voie du serment. Toullier se fondait sur les lois romaines pour répondre affirmativement. Par exemple, dit-il, l'enfant légitime dont l'état a été supprimé, et qui réclame pour mère une femme mariée, doit prouver : 1° qu'elle est accouchée dans tel temps ;

(1) Demolombe, IV, n° 475.
(2) Duranton, *Des contrats*, 5, n° 1481. Bruxelles, 20 janv. 1870.

2° qu'il est le même enfant dont elle est accouchée. Il peut déférer le serment à celle qu'il réclame comme mère sur le point de savoir s'il
n'est pas vrai qu'elle mit au monde un enfant
de tel sexe, à l'époque indiquée » (1). Bien que
cette doctrine ait été appliquée par la cour de
Rennes, dans une espèce bien défavorable puisque c'était une maternité naturelle qu'il s'agissait de prouver (2), elle a pour adversaires les
plus éminents commentateurs (3). Ils font observer avec raison que la théorie assez incertaine du droit romain en notre matière ne saurait prévaloir contre les dispositions du Code.
Or, contrairement à ce qui a été soutenu par
l'arrêt de Rennes, la preuve de la filiation ma-
ternelle ne peut être faite par tous les moyens.
L'art. 341, en effet, après avoir autorisé la recherche de la maternité, détermine, dans un
alinéa final, les modes de preuve qui pourront
servir à cette recherche. « L'enfant, y est-il dit,
ne sera reçu à faire cette preuve par témoins
que lorsqu'il aura déjà un commencement de
preuve par écrit. » Les actes de l'état civil, les
témoignages soutenus d'un certain commencement de preuve (art. 323-2° et 341), la possession
d'état, tels sont les seuls moyens légaux d'éta-

(1) Toullier, tome X. n° 378.
(2) Rennes, 16 déc. 1836.
(3) Bonnier, n° 311; Aubry et Rau, VI, p. 350; Demolombe,
Paternité et Filiation, n° 312 ; Colmet de Santerre, art. 1331-
1360, n° 317 bis 2.

blir une filiation légitime (art. 319 et suivants) ou naturelle (art. 334 et suiv.).

Remarquons, en second lieu, que l'état des personnes n'est pas une chose qui soit dans le commerce; il ne peut donc donner matière à convention (art. 1128). Et ne serait-il pas, en effet, scandaleux de voir deux personnes entrer en arrangement sur un intérêt aussi grave que la filiation de l'une d'elles? Que penser de quelqu'un qui transigerait sur son état, qui renoncerait à l'état qui lui appartient? C'est cependant ce que ferait l'enfant qui, dans une instance en réclamation d'état, déférerait le serment à sa prétendue mère. Nous trouvons la condamnation d'une pareille espèce de transaction dans les idées qui furent exposées à propos de l'art. 2045 par le tribun Gillet : « Toute convention, dit-il, s'arrête aux objets qui sont dans le commerce; ainsi *les droits de nature, les droits de la société ne peuvent devenir matière d transaction;* c'est pour cela que le projet annonce que, pour transiger, il faut avoir la capacité de disposer des objets compris dans la transaction, ce qui suppose que ces objets sont disponibles. »

Où en serait-on si une sage réglementation n'empêchait pas le premier venu de venir réclamer témérairement un état qui n'est pas le sien, au risque de jeter la division dans les familles et le déshonneur sur des personnes recommandables? La faculté de déférer le serment serait de nature à encourager certains intrigants aux entreprises les plus vexatoires pour ceux à qui elles s'adresseraient. Un autre danger, et ce n'est pas le moindre, de la délation du serment en matière de filiation, c'est qu'il pourrait servir à cacher les collusions les plus étranges. On verrait des gens chercher et réussir à se faire au moyen du serment une postérité légitime. La loi peut-elle laisser la porte ouverte à de pareils abus?

Nous disons donc, en résumé, que les questions d'état n'admettent pas le serment, parce qu'elles ne peuvent faire l'objet d'une transaction et que le législateur a soumis à des règles spéciales et restrictives la preuve de la filiation.

2° Voici maintenant des cas où le serment ne peut être déféré, parce que sa prestation irait à l'encontre de certaines dispositions de la loi.

Il y a des faits dont le Code ne veut pas qu'il soit tenu compte, auxquels il refuse tout effet juridique. Ainsi il ne reconnaît pas les dettes de jeu (art. 1965); il prohibe les conventions sur succession future (art. 1130), la vente de la chose d'autrui (art. 1692), la reconnaissance d'une filiation adultérine ou incestueuse (art. 335): autant de faits sur lesquels la délation du serment serait inutile, parce qu'il ne pourrait leur donner aucune consistance légale (1).

(1) Larombière, V, art. 1358.

D'autre part, la loi subordonne la formation de quelques contrats à l'accomplissement de certaines formalités. Tels sont les donations (931-1339), les testaments (art. 967 et suiv.), le contrat de mariage (art. 1394), l'hypothèque (art. 2127). Si ces différents actes n'ont pas été passés dans les formes voulues, la preuve ne peut en être faite, et le serment lui-même ne réparerait pas le vice essentiel qui les fait considérer par la loi comme inexistants. Le serment a pour but de prouver, et non de créer des droits. Il pourrait être déféré, au contraire, sur l'existence de la convention résultant d'un acte sous seing privé dans lequel n'ont pas été observées les prescriptions des art. 1325 et 1326. Ici, en effet, il s'agit de suppléer à l'insuffisance d'une preuve et non de fonder un droit.

Lorsqu'un contrat de gage ou d'antichrèse prend naissance, la loi veut que les parties entre lesquelles il est conclu rédigent un écrit. Pour le gage, la rédaction de l'acte et son enregistrement ne sont prescrits qu'en matière excédant la valeur de 150 francs (art. 2074). Quant à l'antichrèse, la loi ne fait pas cette distinction et déclare d'une manière absolue que : « l'antichrèse ne s'établit que par écrits. » En l'absence d'acte littéral, la preuve de ces contrats pourra-t-elle être faite par la voie de l'aveu et du serment? La question revient à demander si, dans le gage et l'antichrèse, l'écrit est exigé *ad formandam obligationem* ou seulement *ad probationem*. Or nous ne croyons pas qu'il faille les mettre au nombre des contrats qui sont réputés inexistants en l'absence de formalités prescrites pour leur formation. Le principe, dans notre droit, est que les contrats prennent naissance et acquièrent force obligatoire par le seul accord des volontés. Il n'est pas à supposer que la loi ait eu, dans les art. 2074 et 2085, l'intention de déroger au principe, et de faire du gage et de l'antichrèse des contrats solennels. Quel est donc le but de ces articles? C'est uniquement, selon nous, de proscrire d'une manière absolue la preuve par témoins du gage et de l'antichrèse. Et de ce que la preuve de ces contrats ne peut être faite par témoins, il ne faudrait pas conclure qu'ils ne peuvent être établis au moyen de l'aveu et du serment. Il est de règle, en effet, que ces derniers moyens sont recevables dans toutes les contestations. Ils ne présentent pas les inconvénients de la preuve testimoniale. Pourquoi le serment ne serait-il pas déféré, en matière de nantissement, lorsque l'une des parties nie l'existence du contrat? Dans le cas de bail, comme dans le cas de gage ou d'antichrèse, la loi exige la rédaction d'un écrit et prohibe la preuve par témoins. Cela n'empêche pas que la preuve d'un contrat de bail fait sans écrit, même en l'absence de tout commencement d'exécution, peut être faite par la voie du serment (art. 1715).

Le serment est un mode de preuve qui peut, en principe, servir à combattre une autre preuve. Rien n'empêcherait donc de le déférer sur la vérité des faits dont un témoin a déposé dans une enquête. De même la présentation par le demandeur d'un acte sous seing privé n'enlèverait pas à la partie adverse le droit d'exiger de lui le serment sur l'existence de la dette. On pourrait objecter que l'art. 1341 défend de prouver outre et contre le contenu aux actes. Mais, comme c'est uniquement la preuve par témoins que cet article a pour but d'exclure, la délation du serment devra être prise en considération, et le demandeur sera tenu de le prêter. Il ne serait pas fondé à s'en plaindre, puisque l'offre de jurer qui lui est adressée a pour effet de remettre en ses mains la décision du litige. Et on ne pourrait reprocher au défendeur d'exiger une seconde preuve de ce qui a été établi; car son seul but est de combattre la preuve déjà faite (1).

Mais le serment pourrait-il être déféré au porteur d'un acte authentique? On ne peut répondre, selon nous, qu'en usant de distinctions. Toutes les énonciations contenues dans un acte notarié n'ont pas, en effet, la même valeur.

(1) Massé et Vergé, III, § 608, note 14.

S'agit-il de faits qui sont relatés et certifiés par
le notaire comme s'étant passés devant lui, ces
faits ne pourront faire l'objet d'un serment. La
raison en est que l'acte authentique fait pleine
foi entre les parties, leurs héritiers et ayants
cause de la convention qu'il renferme (art. 1319),
et que tout ce qui est affirmé par l'officier ministériel doit être cru jusqu'à inscription de faux
(art. 1320). Supposons, au contraire, que les
énonciations à contredire soient relatives à des
faits qui ont eu lieu en dehors de la présence du
notaire, par exemple à une numération d'espèce, et que ce dernier n'ait fait que rapporter
ce qui lui a été dit par les parties contractantes.
La plainte en faux n'est plus ici le seul moyen
de combattre des énonciations qui peuvent être
inexactes sans que le notaire ait menti. Leur
fausseté peut donc être établie par la voie du
serment. Nous rentrons sous l'application du
principe de l'art. 1358. Quelques auteurs ne
font pas de distinction et enseignent que le contenu tout entier d'un acte authentique peut faire
l'objet d'une prestation de serment. Ils en donnent pour motif que l'art. 1358 permet le serment dans toutes les contestations, et que la loi
ne dit nulle part qu'on ne puisse opposer d'exception contre la foi due à l'acte authentique (1).
Nous croyons que ces auteurs ne se rendent pas
suffisamment compte de l'autorité que la loi

(1) Massé et Vergé, III, § 603.

veut qu'on attache au témoignage d'un officier
ministériel. En organisant la procédure toute
spéciale de l'inscription de faux, la loi ne pro-
hibe-t-elle pas tout autre moyen d'attaquer la
vérité des conventions et autres faits relatés
dans l'acte authentique et certifiés par le notaire?

La question que nous venons de résoudre
nous fait toucher à une difficulté considérable
que nous devons maintenant examiner. Il s'agit
de savoir si le serment peut servir à combattre
les présomptions légales. En général, avons-
nous dit, à une preuve on peut opposer une
autre preuve. Les présomptions légales ont pour
caractère particulier de ne pas admettre la
preuve contraire, « lorsque sur le fondement de
ces présomptions la loi annule certains actes ou
dénie l'action en justice, à moins qu'elle n'ait
réservé la preuve contraire » (art. 1352). Si
l'art. 1352 s'arrêtait là, il ne dirait rien que de
très-clair; mais il ajoute : « Sauf ce qui sera dit
sur le serment et l'aveu judiciaire. » Quel est le
sens de ces derniers mots ? Le législateur a-t-il
voulu dire que le serment peut être déféré sur
le fondement d'une des présomptions définies
au texte? On a de la peine à se rendre compte
des expressions dont il s'est servi, et ce qui
prouve leur obscurité, c'est que l'art. 1352 a
donné lieu aux interprétations les plus diverses.

De l'ensemble de l'art. 1352 on voit cependant ressortir nettement d'abord une première division des prescriptions légales en deux catégories, suivant qu'elles admettent ou non la preuve contraire. Celles qui admettent la preuve contraire et que la doctrine appelle *juris tantum* pourront sans doute être combattues par le serment comme par tout autre moyen. La difficulté porte uniquement sur ces présomptions d'un caractère plus rigoureux qui ont pour effet l'annulation de certains actes ou le refus d'action. On nomme *juris et de jure* les présomptions qui appartiennent à cette seconde classe. Nous en donnerons comme exemple, d'abord comme présomption entraînant la nullité d'un acte, celle de l'art. 911 : « Toute disposition au profit d'un incapable sera nulle, soit qu'on la déguise sous la forme d'un contrat onéreux, soit qu'on la fasse sous le nom de personnes interposées. Sont réputées personnes interposées les père et mère, les enfants et descendants et l'époux de la personne incapable. » Comme présomptions sur le fondement desquelles la loi refuse l'action en justice, nous citerons la prescription et l'autorité de la chose jugée. Les présomptions *juris et de jure* sont invincibles; elles n'admettent la preuve contraire que lorsqu'elle a été expressément réservée par la loi (1). Telles sont

(1) Il résulte de l'étude des textes que la loi n'autorise jamais la preuve contre une présomption dont le résultat est de faire an-

les dispositions, faciles à comprendre, de l'art.
1352; quant aux mots qui le terminent, *sauf ce
qui sera dit sur le serment et l'aveu judiciaire*, on ne
peut nier qu'ils ne contiennent une sorte d'é-
nigme grammaticale et juridique. Voyons les
principales explications qu'en ont données les
commentateurs.

La question, d'après les uns, serait d'une
grande simplicité, et ce serait la clarté même
de l'art. 1352 qui aurait égaré sur sa signification les autres jurisconsultes. Leur système consiste à considérer les derniers mots de notre
article comme un simple renvoi par lequel le
législateur se réserve de faire connaître ulté-
rieurement la nature et la force de la présomption résultant de l'aveu ou du serment. Dans
cette opinion, l'art. 1352 *in fine* ne viserait pas
la question de savoir si les présomptions *juris
et de jure* peuvent être combattues au moyen du
serment. Ce serait à la force probante non des
autres présomptions, mais du serment lui-même,
qu'il ferait allusion. Son but serait uniquement
d'annoncer les dispositions de l'art. 1356 : « L'a-
« veu fait pleine foi contre celui qui l'a fait, »
et de l'art. 1363 : « Lorsque le serment déféré
ou référé a été fait, l'adversaire n'est point recevable à en prouver la fausseté. » Quelle que soit

___

nuler un acte. On voit, au contraire, fléchir dans certains cas les
présomptions légales sur le fondement desquelles la loi refuse
l'action (art. 312, 313).

l'obscurité de notre texte, il ne nous semble pas qu'on puisse raisonnablement l'entendre de la manière que nous venons d'indiquer. L'explication proposée ne se comprend, en effet, qu'à la condition de considérer le serment comme servant de fondement à une présomption légale. Or nous avons établi, que l'aveu et le serment constituent des preuves d'une nature spéciale, et que si le Code a eu, dans l'art. 1350, le tort de les mettre au nombre des présomptions, c'est une erreur qui se trouve réparée par l'ensemble de ses dispositions. Ajoutons que notre texte se prête grammaticalement assez mal à la signification qu'on voudrait lui donner (1).

Un second système nous paraît devoir être repoussé comme le précédent, parce que son point de départ est le même. Ses partisans considèrent également le serment et l'aveu comme des présomptions de la loi, et l'explication qu'ils donnent de l'art. 1352 est, même à ce point de vue, déraisonnable. D'après eux, l'art. 1352 revient à dire que la force des prétendues présomptions n'est pas invincible, et ses derniers mots réservent la question de savoir par quels moyens elles pourront être combattues. Attribuer au texte un pareil sens, c'est prêter à la loi une inconséquence qu'elle ne peut avoir commise. « Dût-on considérer l'aveu comme

(1) Larombière, V, art. 1352.

une présomption légale, dit M. Bonnier (1), rien
n'autoriserait à y voir une présomption légale
absolue. De tout temps on a considéré l'aveu
comme pouvant être modifié, expliqué, rétracté
par la partie qui l'a fait. Où serait donc la nécessité d'une exception pour l'aveu, puisqu'il
n'était pas compris dans la règle?» Et quant au
serment décisoire, l'art. 1363 pose en principe
que, lorsqu'il a été fait, l'adversaire n'est pas
admis à en prouver la fausseté. Cette disposition n'est-elle pas la condamnation des deux
systèmes que nous venons de résumer? Suivant
le premier, l'art. 1352 réserverait la question de
savoir « si le serment admet la preuve contraire. » Ce serait non pas absurde, mais inutile. Dans le second, les derniers mots de l'article annonceraient des moyens de combattre le
serment. Comme il n'en existe aucun, ces mots
ne pourraient être que le résultat d'une inad-
vertance du législateur.

Voici une autre explication de l'art. 1352 infiniment plus raisonnable, et qui a rallié les
meilleurs esprits (2). Elle consiste à dire que cet
article, après avoir déclaré irréfragables les
présomptions *juris et de jure*, nous fait connaître
deux restrictions à son principe. Les présomptions définies au texte admettront la preuve

(1) *Traité des preuves*, II, n° 845.
(2) Demante, II, n° 841. — Bonnier, n° 668. — Aubry et Rau,
VI, § 332. — Marcadé, art. 352.

contraire : 1° Par les moyens indiqués dans la
loi, lorsqu'elle la réserve expressément. 2° Dans
tous les cas, par l'aveu et le serment. Cette interprétation est celle qui se présente tout d'a-
bord, à la lecture de notre article. Elle a l'avantage d'accorder parfaitement entre elles les
diverses dispositions du Code. Ainsi le renvoi
qui termine l'art. 1352 trouve naturellement
son application dans l'art. 1356 qui déclare que
l'aveu fait pleine foi contre son auteur, et dans
l'art. 1358 ainsi conçu : « Le serment décisoire
peut être déféré sur quelque espèce de contestation que ce soit. » Si on s'étonne que les présomptions *juris et de jure* puissent être combattues par l'aveu ou le serment plutôt que par
d'autres moyens de preuve, nous répondrons
avec Marcadé : « Pourquoi ne pas laisser ici
toute leur force au serment et à l'aveu, puisque
ce ne sont pas précisément de simples preuves
ordinaires et dirigées contre l'adversaire, mais
des moyens qui laissent la solution de la difficulté à la conscience et au libre arbitre de cet
adversaire, en sorte que si une présomption
juris et de jure se trouve devenir inefficace dans
ce cas, ce sera parce qu'elle aura été brisée, non
pas par celui à qui on l'opposait, mais par celui-
là même pour le seul profit duquel elle était
établie et qui l'a volontairement reconnue inexacte? »

Nous dirons donc d'une manière générale que

les présomptions peuvent être combattues au
moyen du serment et de l'aveu. Ce que cette
règle pourrait avoir de trop absolu sera corrigé
par cet autre principe que nous avons déjà établi, à savoir que le serment ne saurait intervenir sur une matière non susceptible de faire
l'objet d'une transaction. Autrement dit, une
présomption est-elle établie dans un intérêt
privé? L'aveu, le refus de serment de celui au
profit duquel elle existe seront considérés
comme une renonciation de sa part au droit de
s'en prévaloir. Il en sera de même dans le cas
où il déférerait le serment à son adversaire, si
ce n'est que la renonciation serait conditionnelle
au lieu d'être pure et simple. S'agit-il d'une
présomption légale fondée sur un motif d'ordre
public? Il n'est pas au pouvoir des parties de
détruire, même par l'aveu et le serment, la fiction de vérité qui en résulte. Le serment ne
pourrait donc être déféré à l'encontre de cette
vérité.

Passons en revue, pour leur faire l'application de notre système, quelques présomptions
juris et de jure. Lorsqu'une donation est faite à
un proche parent d'un incapable, la loi présume l'interposition de personnes (art. 911). Si
le donateur ou ses héritiers se fondent sur cette
présomption pour demander la nullité de la donation, le serment pourra-t-il leur être déféré
sur le point de savoir si c'est à l'incapable que

la libéralité s'est véritablement adressée? Oui,
certainement, car le serment tend à résoudre
ici une question qui n'intéresse que les parties
au procès, et si le donateur reconnaît, en refusant de jurer, que la présomption tombe à faux,
quelle raison y aurait-il d'annuler la donation?
Nous raisonnerons de la même manière à l'é-
gard de la présomption établie par l'art. 918.
Elle suppose frauduleux des actes qui ne le sont
pas toujours. Il est bon que le serment puisse
en obtenir le maintien lorsqu'ils ne déguisent
aucune libéralité illicite. « La remise volontaire
du titre original sous seing privé par le créancier au débiteur fait preuve de la libération, »
nous dit l'art. 1382. Il y a là une présomption
sur le fondement de laquelle la loi dénie l'action
en justice. Elle n'admettra pas d'autre preuve
contraire; mais le serment et l'aveu pourront
servir à la combattre. Elle est établie, en effet,
dans un pur intérêt privé, celui du débiteur, et
rien n'empêche de l'écarter si celui-ci renonce
à l'invoquer ou reconnaît que sa dette n'est pas
véritablement éteinte. Pour ce qui est de la
présomption résultant de la remise de la grosse
du titre, il va sans dire qu'elle pourra être combattue par le serment. C'est, en effet, une présomption *juris tantum* que tous les moyens peuvent servir à repousser (art. 1283).

Nous considérerons, au contraire, comme
entièrement irréfragables, parce qu'elles sont

fondées sur des motifs d'ordre public, les présomptions que la loi tire de la chose jugée
(art. 1351), de la prescription, de la naissance
d'un enfant pendant le mariage (art. 312). Elles
ne pourront être attaquées par aucun mode de
preuve, pas même par la délation du serment.
N'est-il pas évident, en effet, que ce qui a été
jugé doit être réputé vrai d'une manière absolue et ne plus donner matière à contestation ?
L'autorité de la justice serait singulièrement
amoindrie si la partie condamnée était admise à
déférer le serment à son adversaire sur l'équité
de la sentence. Quant à la prescription, il résulte *a contrario* de l'art. 2275 qu'elle constitue
une présomption absolument inattaquable, et
cela s'explique. Elle n'est pas seulement, en
effet, la consécration de la probabilité des droits
de celui qui l'invoque, et un moyen pour lui de
suppléer au défaut de preuve de ses droits. Elle
présente aussi les caractères d'une déchéance
établie, dans un intérêt d'ordre général, contre
les propriétaires et les créanciers négligents.
La loi ne veut pas qu'on puisse au bout d'un
certain temps venir mettre en question le payement de certaines créances et la légitimité de
certaines possessions. Elle estime qu'autoriser
des réclamations par trop tardives, ce serait
ouvrir la porte à une foule de procès et jeter
inutilement la discorde dans les familles et le
trouble dans la société tout entière. Sur des

fictions de vérité établies dans un intérêt d'ordre
social n'est-il pas naturel que la convention des
parties n'ait aucune prise? Or le serment n'est
pas autre chose qu'une convention. C'est aussi
à cause de son caractère transactionnel que le
serment ne pourra servir à combattre la présomption *pater is est*..... (art. 312). L'ordre social
n'est jamais désintéressé dans les questions qui
touchent à l'état des personnes. D'ailleurs le
serment impliquerait de la part de l'enfant qui
le prêterait ou le déférerait au mari de sa mère
une sorte de renonciation à son état, et, nous
l'avons dit, on ne renonce pas à son état.

En résumé, toutes les fois qu'on sera en présence d'une présomption légale *juris et de jure*,
il faudra chercher quelle est la raison d'être de
cette présomption, et, à moins qu'elle ne soit
fondée sur des considérations d'ordre public,
résoudre affirmativement la question de savoir
si elle peut être combattue au moyen du serment (1).

(1) M. Boissonnade vient de faire, dans une remarquable étude
sur la transcription, l'application de notre principe à cette matière. Il suppose que la transcription d'un premier acte de vente
n'a pas eu lieu, mais que le premier acquéreur a donné personnellement connaissance de son contrat au nouvel acheteur. Celui-
ci l'avoue, ou, sommé de jurer de son ignorance, il refuse le
serment. Selon M. Boissonnade, il ne peut plus se prévaloir du
défaut de transcription du premier contrat. « Car en quoi l'ordre
public demande-t-il que ce malhonnête homme triomphe d'une
personne négligente ou trop confiante dans la loyauté d'autrui? »
S'il y a eu une préoccupation d'intérêt public au point de départ
de la loi et dans sa conception générale de l'intérêt de la tran-

Le serment pourrait-il être refusé s'il devait
porter sur un fait illicite ou déshonorant, par
exemple sur la perception d'intérêts usuraires ?
Plusieurs auteurs de l'ancien droit pensent que
le serment devrait être, en ce cas, déclaré non
recevable comme ayant une cause immorale.
On lit dans le président Favre : « Non cogendum
« quemquam jurare super positione turpi vel
« famosa, puta quod usuras centesimas vel alias
« majores omni jure prohibitas acceperit » (1).
La jurisprudence actuelle décide, au contraire,
que le serment litis-décisoire peut être déféré
au créancier sur l'usure qui lui est imputée. Et
cette décision doit être approuvée, car on ne
voit pas pourquoi la turpitude d'un plaideur lui
profiterait, et priverait son adversaire d'un dernier moyen d'obtenir justice. Ajoutons que telle
était l'opinion des jurisconsultes romains (2).

Nous terminerons ce chapitre en revenant au
principe de l'article 1358 que nous avons posé
en commençant. Des différentes questions que

scription, l'intérêt privé reste seul en jeu dans chaque conflit qui
met en présence deux acheteurs successifs du même bien.

Supposons, au contraire, que la transcription d'une première
vente ait été faite. « Alors, dit l'éminent auteur, il y a une présomption invincible de notoriété générale ou de faute chez le second acheteur, qui n'a pas su ce qu'il pouvait savoir ; ni l'aveu
de l'acheteur qui a transcrit, ni son refus de serment, au sujet de
cette ignorance d'un tiers négligent ne pourraient lui nuire.
L'ordre public veut qu'il soit protégé invinciblement. Ceci est de
toute évidence. » *Revue pratique*, décembre 1870.

(1) Faber, liv. iv, tit. 1, déf. 43.
(2) L. 28, D., *De jurejurando*.

nous avons examinées, il résulte que les cas
dans lesquels le serment ne peut être déféré
sont peu nombreux. Il peut l'être, quelle que
soit l'importance pécuniaire de la contestation
qu'il est destiné à trancher, non-seulement en
matière civile ou commerciale, mais aussi sur
des questions qui sont de la compétence des
tribunaux administratifs (1).

CHAPITRE V.

QUELS SONT LES EFFETS DE LA DÉLATION ET DE LA PRESTATION DE SERMENT.

Lorsque, dans le courant d'une instance, la
délation de serment vient à se produire, il se
peut qu'elle soit immédiatement suivie de la
prestation du serment, mais la plupart du temps
un certain délai s'écoulera entre la délation et
la prestation. Quelle est exactement, dans cet
intervalle, la situation des parties ? Autrement
dit, quel est l'effet de la délation du serment ?
C'est encore en nous rappelant le caractère conventionnel du serment que nous arriverons à
la solution de cette question. Le déférer c'est
offrir à son adversaire de transiger. Or l'offre
de contracter, tant qu'elle n'a pas été acceptée,
ne lie aucunement son auteur. Par application

(1) Contra : Cons. d'Etat, 29 novembre 1851.

de ce principe général, nous dirons que celui
qui a déféré le serment demeure libre d'en rétracter la délation tant que son adversaire ne
s'est pas déclaré prêt à jurer. Cette conséquence
se trouve exprimée d'une manière formelle par
l'art. 1364 : « La partie qui a déféré ou référé
ce serment ne peut se rétracter lorsque l'adversaire a déclaré qu'il est prêt à faire ce serment. » Donc, avant l'acceptation, elle peut se
rétracter. Mais si la pollicitation n'oblige pas,
en matière de serment, celui de qui elle vient,
elle a ceci de particulier qu'elle oblige l'adversaire à qui elle s'adresse. Il faut qu'il accepte le
serment ou qu'il le réfère. Repousser purement
et simplement l'offre de jurer, c'est renoncer à
se défendre et s'exposer inévitablement à perdre
son procès. Nous allons d'abord examiner le
cas où le serment est accepté et prêté par celui
qui en reçoit la délation. Nous parlerons ensuite de la relation du serment et du refus de
le prêter.

1° *Le serment est accepté et prêté.* Une fois la
déclaration du serment acceptée, les rapports
des parties se modifient. A la simple pollicitation succède la convention, obligatoire pour les
deux contractants. La rétractation du serment
n'est plus possible, et, par une sorte de récipro-
cité, celui qui a déclaré qu'il prêterait le serment
demandé ne serait pas admis à revenir sur cette

résolution en offrant de le référer à son adversaire.

Nous avons vu, en droit romain, que l'acceptation du serment tient lieu du serment prêté
et en produit les effets dans le cas où celui qui
l'a déféré dispense son adversaire de jurer et se
contente de la déclaration de ce dernier qu'il est
prêt à le faire. On dit alors qu'il est fait par le
deferens remise du serment. Cette remise n'est pas
dans les mœurs des plaideurs actuels, et le
code n'en fait mention dans aucun article.
Néanmoins, s'il s'en présente quelque exemple,
nul doute qu'on devra lui appliquer les anciens
principes et assimiler, en tous points, le serment
remis au serment prêté.

Remarquons qu'il est bon que la délation du
serment ne soit pas trop promptement suivie
de sa prestation. Supposons, en effet, que les
deux parties comparaissent personnellement
devant le tribunal et que, dans la chaleur de la
discussion, l'une vienne à déférer le serment à
son adversaire. Ce dernier, à supposer même
qu'il ne soit pas certain de son droit, se laissera
facilement entraîner à jurer. Un sentiment de
fausse honte agira sur lui plus fortement même
que la considération de son intérêt, et lui arra-
chera un serment qu'il n'aurait peut-être jamais
prêté à froid et en dehors des débats où nous le
supposons engagé. Dans la crainte d'un tel résultat, la loi de procédure de Genève exige

qu'un certain délai sépare la prestation du serment de sa délation. « La précipitation et la
fausse honte, dit M. Bellot (*Exposé de la loi de
procédure de Genève*) ont causé plus de parjures
que l'intérêt même. »

Il est rare que celui qui a accepté le serment
refuse ensuite de le prêter. C'est ce qui peut
décider certains plaideurs à dispenser leur adversaire de jurer s'il déclare y consentir. Toutefois il y a toujours lieu d'espérer que la partie
qui a manifesté l'intention de prêter serment
sera retenue au dernier moment par la crainte
du parjure, et c'est sans doute ce qui arrivera
quelquefois. Aussi croyons-nous que, jusqu'au
moment où la prestation du serment s'est produite dans les termes voulus, rien n'est terminé,
et que si la mort venait surprendre la partie au
moment où elle ouvre la bouche pour rendre
son affirmation, il faudrait décider que le bénéfice du serment ne lui est nullement acquis et
obliger ses héritiers à refaire la preuve du droit
en question soit par un nouveau serment, soit
par d'autres moyens. Pour attacher quelque
effet à un serment que la mort a ainsi empêché
de prêter, il faudrait qu'on pût reprocher à celui
qui l'a déféré d'en avoir frauduleusement re-
tardé la prestation. On appliquerait alors ce
principe qu'une condition est réputée accomplie lorsqu'elle l'aurait été sans le fait de celui
auquel elle devait nuire (art. 1178). Hors du cas

où une telle fraude a été commise, il faut dire avec Dumoulin : « Juramentum delatum de-« functo, sed nondum præstitum ab eo non po-« test objici » (1).

Supposons maintenant le serment régulière-ment prêté. Son effet est de fixer le sort du li-tige d'une manière irrévocable. « Lorsque le serment déféré ou référé a été fait, dit l'article 1363, l'adversaire n'est point recevable à en prouver la fausseté. » Les principes du serment veulent qu'il en soit ainsi. Sa force se tire, en effet, d'une sorte de convention intervenue entre les parties. Cette convention a entre elle force de loi (art. 1134). Or, si la personne qui a déféré le serment venait, une fois qu'il est prêté, en contes-ter la sincérité, elle manquerait à son engage-ment qui est de tenir pour loyale et conforme à la réalité l'affirmation de son adversaire. Ce qui a été jugé constitue donc *inter partes* une fiction de vérité inattaquable, contre laquelle aucune preuve n'est admissible (2). C'est à cet égard que Pothier disait, et il serait encore juste de le dire, que le serment décisoire est une sorte de pré-somption *juris et de jure*.

(1) *Ad leg.*, 3, C. *De jurejurando*; Marcadé, art. 1364; Contra : Toullier, X, 385.

(2) « Comme ce n'est pas la vérité du serment, dit très-bien M. Larombière, qui oblige l'adversaire, mais bien la convention même qu'il a formée, la fausseté prouvée du serment ne saurait avoir pour conséquence de le délier de ses engagements. » T. V, art. 1363.

Le serment ne peut être attaqué sous prétexte
que celui qui l'a prêté s'est trompé. Et non-
seulement l'adversaire du serment ne pourrait
prétendre qu'il a été le résultat d'une erreur.
L'offre même de prouver le parjure, c'est-à-dire
l'intention de tromper, ne l'autoriserait pas à
venir remettre en question la vérité de ce qui a
été juré. L'exception du serment, dit Pothier,
exclut le demandeur d'être écouté à offrir la
preuve que la partie a rendu son serment de
mauvaise foi et s'est parjurée. C'est ce qu'ensei-
gnait Julien : « Adversus exceptionem jurisju-
« randi replicatio doli mali non debet dari ,
« quum prætor id agere debet, ne de jureju-
« rando quæratur (1). »

Toutefois le parjure ne sera pas aussi facilement toléré dans notre droit que dans celui des
des Romains. Le Code pénal le considère, en
effet, comme comme un délit, et la peine de la
dégradation civique, dont le législateur de 1810
lui faisait application, a paru insuffisante. A
l'ancien article 366 la loi de 1863 a substitué la
disposition suivante : « Celui à qui le serment
aura été déféré en matière civile et qui aura fait
un faux serment, sera puni d'un emprison-
nement d'une année au moins et de cinq
ans au plus et d'une amande de 100 francs à
3,000 francs. Il pourra, en outre, être privé des

(1) L. 11; Dig., *De jurejurando.*

droits mentionnés en l'art. 42 du présent Code pendant cinq ans au moins et dix ans au plus, à compter du jour où il aura subi sa peine et être placé sous la surveillance de la haute police pendant le même nombre d'années. » Si donc le parjure ne peut être poursuivi et prouvé au civil, on voit qu'il est frappé par le droit pénal d'une sanction sévère.

Cette pénalité infligée par la loi au parjure a jeté un savant commentateur dans une erreur qui est une singulière contravention aux principes de notre matière. Suivant lui, lorsqu'une instance criminelle a été formée par le ministère public contre le faux serment, celui qui en a été victime a le droit, par application de l'article 1er du Code d'instruction criminelle, de se porter partie civile dans la cause, à l'effet d'obtenir des dommages-intérêts. Dans ce système, le parjure ne peut faire l'objet d'une action civile principale ; mais l'adversaire du serment peut intervenir dans le procès criminel et joindre à l'action publique une demande en réparation civile (1).

Cette opinion a le tort d'être entièrement contraire à la disposition de l'art. 1363. D'après cet article, le serment décisoire tranche irrévocablement le débat. Ce qui a été juré est réputé vrai d'une manière absolue entre les par-

(1) Duranton, t. XIII, n° 600.

ties. Pourquoi permettre à la partie lésée d'intervenir dans le procès criminel, si on lui défend de former contre le parjure une demande principale devant le tribunal civil? Qu'il agisse par une voie ou par une autre, sa demande revient toujours à contester la vérité du serment. Or, c'est ce que l'art. 1363 lui interdit de faire. Le droit de se porter partie civile au criminel, remarquons-le, n'est que la conséquence et l'accessoire du droit de former au civil une demande principale en dommages-intérêts. C'est un principe auquel dérogerait l'art. 1363 dans le système que nous combattons, tandis que son but est évidemment de proscrire toute poursuite civile du parjure, l'action jointe comme l'action principale. Si on pouvait concevoir le moindre doute, à cet égard, il serait dissipé par l'étude des travaux préparatoires de l'art. 366. Nous lisons dans l'exposé des motifs: « L'intérêt de la société ne permet pas que le crime du faux serment reste impuni, et, *quoique la partie ne puisse pas agir pour son propre intérêt privé*, la peine due au crime pourra néanmoins être provoquée par le ministère public. » Le rapport au Tribunat sur le même article s'exprime encore plus clairement : « Cette disposition n'ouvre aucune action nouvelle. Le Code Napoléon a irrévocablement réglé tout ce qui est relatif aux intérêts privés et à la partie civile ; c'est le ministère public qui pourra, dans le seul intérêt de la société, poursuivre le parjure (1). »

Nous venons de voir que la fausseté d'un serment ne peut être prouvée au civil ni dans le cas de parjure, ni dans le cas où il est le résultat d'une erreur de la partie qui l'a prêté. La présomption de vérité qui résulte du serment est indiscutable. Tout ce que peut faire l'adversaire, c'est de prétendre qu'il a été, non pas faussement mais irrégulièrement prêté, autrement dit, qu'il a été le résultat d'une délation nulle. Ainsi, celui qui établirait que c'est par la violence ou le dol de l'autre partie qu'il a été amené à lui déférer le serment pourrait, pour cette cause, faire rétracter le jugement au moyen de la requête civile (art. 480. 4° — Pr. civ.). On peut citer, comme exemple de dol la soustraction qui serait faite par la partie appelée à jurer du titre de créance de son adversaire. Rien de plus juste, en pareil cas, que d'annuler une délation de serment dont le créancier n'aurait jamais eu l'idée sans la disparition de son titre.

« Du principe que le serment décisoire tire son effet et son autorité de la convention qu'il renferme, on peut tirer cette conséquence, dit Pothier, que si la partie qui l'a déféré a quelque juste cause de restitution contre la convention par laquelle elle a déféré le serment à l'autre partie, elle peut, en se faisant restituer con-

(1) En ce sens : Cass., 7 juillet 1843; Marcadé, art. 1363; Bonnier, n° 356; Larombière, art. 1303, n° 7.

tre cette convention, faire tomber le serment. »

Nous appliquerons donc à la délation de serment la disposition de l'art. 2053, aux termes
duquel : « Une transaction peut être rescindée
lorsqu'il y a erreur dans la personne ou sur l'objet de la contestation. Elle peut l'être dans tous
les cas où il y a dol ou violence. »

De cette nouvelle analogie du serment avec la
transaction, il ne faudrait pas conclure à une
assimilation trop complète. Nous pouvons, en
effet, signaler entre les deux la différence que
voici. Il y a lieu à l'action en rescision contre
une transaction, lorsqu'elle a été faite en exécution d'un titre nul (art. 2054), sur des pièces
qui depuis ont été reconnues fausses (art. 2055)
ou sur un procès terminé par un jugement
passé en force de chose jugée, dont les parties
ou l'une d'elles n'avaient point connaissance
(art. 2056). Dans ces divers cas, la transaction
est nulle, faute de cause. C'est, en effet, le défaut de preuve qui a déterminé les parties à
transiger. La découverte de titres qui les éclai-
rent sur leur droit ôte toute raison d'être à la
convention intervenue entre elles. Lorsqu'au
contraire le serment a été déféré, la découverte
de nouveaux titres ou la preuve de la nullité de
ceux qui ont été produits au procès ne serait
pas capable d'atténuer les effets de la sentence
qui est le résultat de sa prestation. La raison
de cette différence, c'est que le serment n'est

pas seulement un moyen de résoudre une difficulté ; c'est aussi un mode de preuve, et un
mode de preuve exclusif de tout autre. La personne qui transige traite faute de preuves.
Celle qui jure prouve son droit, et la délation
du serment implique de la part de celui qui le
défère un entier abandon de tous les moyens
qui pourraient servir à la défense de sa cause.

Le jugement rendu à la suite du serment est
définitif. La preuve la plus complète retrouvée
et fournie immédiatement après la prestation du
serment ne permettrait pas même au tribunal de
rendre un jugement contraire à ce qui a été
juré. A plus forte raison l'appel sera-t-il impossible contre le jugement rendu. Nous trouvons
la preuve du respect que notre ancienne jurisprudence attachait ou serment prêté dans le
récit suivant qui est emprunté aux conférences
sur l'ordonnance de 1670. « Le premier président de Lamoignon rapporte, d'après les traditions du Palais, qu'à une audience où le premier président de Harlay assistait, une partie
ayant la preuve par écrit du fait avancé ne laissa
pas d'obliger la partie adverse à prêter serment
en pleine audience, puis la convainquit aussitôt
de parjure, en faisant lecture de la pièce, sur
quoi M. de Harlay se retourna contre celui qui,
sans besoin, avait introduit son adversaire à un
parjure si public, et le réprimanda sévèrement,
puis, ayant été aux opinions, le condamna plus

rigoureusement encore que celui qui s'était parjuré. »

Nous avons dit que le parjure peut faire l'objet d'une poursuite criminelle. Une question se présente à ce sujet. Comment se fera la preuve de la fausseté du serment ? Le ministère public pourra-t-il établir qu'il y a eu parjure à l'aide de témoignages et de tous autres moyens ? Faudra-t-il, au contraire, si le fait sur lequel a porté le serment présente un intérêt de plus de 150 fr., qu'il se conforme aux règles de la preuve en matière civile, et qu'il produise, à l'appui de l'accusation un écrit ou tout au moins un commencement de preuve par écrit ? Ce qui pourrait faire pencher vers cette dernière solution, c'est que, si on permettait de faire par témoins la preuve d'un contrat lorsqu'un crime ou un délit a été commis à l'occasion de ce contrat, il serait à craindre que cette latitude ne servît à éluder, la règle d'après laquelle toute convention d'une certaine importance doit faire l'objet d'un écrit, et ne peut être prouvée que par écrit. Cette considération conduit à dire que le ministère public, en règle générale, devra observer les principes de la preuve, en matière civile, lorsque, dans le courant d'un procès criminel, il aura lieu de démontrer l'existence d'une obligation civile. Mais, dans notre hypothèse, et en supposant que l'existence d'une dette de plus 150 fr. a été niée par serment, nous n'hésitons pas à

dire que la preuve du parjure peut être faite de
toutes manières et que la jurisprudence a eu tort
d'exiger la prestation par le ministère public
d'un commencement de preuve par écrit (1). Il
ne s'agit pas, en effet, lorsque le parjure est
poursuivi, d'établir l'existence du contrat civil
sur lequel le serment a été prêté; de ce contrat,
qui n'intéressait que les parties, nous avons vu
qu'il ne peut plus être question, et nous ne rencontrons pas ici le danger de voir la preuve d'un
contrat dont il n'a pas été dressé d'acte écrit,
faite au profit d'un des contractants contrairement au vœu de la loi (art. 1341). Ce ne sera
donc pas violer la loi que de laisser au ministère
public qui poursuit le parjure une liberté d'action
dont il a besoin. La répression de ce crime
deviendrait bien difficile et bien rare si la preuve
n'en pouvait être faite que par écrit. Le magistrat
accusateur n'a pas eu, en effet, la possibilité de
faire dresser un acte, comme la partie qui vient
au civil réclamer l'exécution d'un contrat. Il
sera le plus souvent hors d'état de se procurer
le moindre commencement de preuve par écrit.
D'ailleurs quel danger présente la preuve testimoniale quand il en est fait usage par le ministère public? La subornation des témoins n'est
pas à craindre de lui, comme d'une partie inté-
ressée. Il est donc raisonnable de lui laisser faire

(1) Bonnier, n° 357; Poujol, *Revue*, etc., 1840, p. 635.

la preuve du parjure par tous les moyens et de l'affranchir complétement des prohibitions de l'art. 1341 que la loi n'a pas écrites pour notre hypothèse. C'est bien à cette solution que semble conduire l'exposé des motifs de l'art. 366 où nous lisons : « Celui qui aura fait un faux serment pour s'affranchir d'une dette contractée, mais dont la preuve n'aura pas été présentée ou admise devant les tribunaux civils, ne jouira pas en paix du fruit de son imposture. Elle sera dévoilée au grand jour de la justice criminelle » (1).

L'irrévocabilité des effets du serment entre les parties est le résultat de son caractère conventionnel. Il a, entre elles, comme la transaction, l'autorité de la chose jugée en dernier ressort (art. 2052). C'est en nous référant aux principes relatifs à l'autorité des jugements que nous déterminerons l'utilité du serment pour celui qui l'a prêté. Ainsi nous dirons que l'auteur du serment pourra s'en prévaloir dans une instance postérieure, s'il y a, dans ce nouveau procès, identité d'objet, de cause, de personnes. L'objet, c'est le fait ou le rapport de droit sur lequel a porté le serment. Il n'est pas toujours facile de dire s'il y a *eadem res*. Pour y arriver, il faut, dit Marcadé, prendre la proposition établie par le précédent jugement et rapprocher d'elle celle qui exprime la prétention que le plaideur veut faire juger; si cette

(1) Contra : Aubry et Rau, VI, p. 463; Larombière, art. 1348.

seconde proposition, rapprochée de la première,
ne la contredit pas et peut coexister avec elle,
c'est donc que le point n'est pas décidée ; si, au
contraire, les deux propositions se contredisent
et se trouvent incompatibles, c'est que la
deuxième prétention était déjà chose jugée » (1).
Quant à l'identité de cause, elle existe si la seconde
demande a le même fondement que la réclamation terminée par le serment. Si donc après vous
avoir demandé une somme de 1,000 fr. comme
prix d'une vente que je vous aurais faite, je vous
demande 1,000 fr. que je prétends vous avoir
prêtés, vous ne pourrez pas répondre à cette
seconde prétention en excipant du serment que
vous avez prêté sur l'inexistence de la vente.

Nous n'insisterons pas davantage sur l'identité de cause et d'objet dont le Code ne s'occupe
qu'à propos de la chose jugée (art. 1351). Mais
nous devons consacrer quelques développements
à l'examen de la troisième condition sous laquelle
est recevable l'exception du serment. Nous voulons parler de l'identité de personnes, que
l'art. 1365 exige en ces termes : « Le serment
fait ne forme preuve qu'au profit de celui qui
l'a déféré ou contre lui, et au profit de ses héritiers
ou ayants cause ou contre eux ». Cet article doit
être rapproché de la disposition finale de
l'art. 1351, où nous lisons que l'autorité de la

(1) Marcadé, art. 1351.

chose jugée n'a lieu qu'autant « que la demande soit entre les mêmes personnes et formée par elles et contre elles en la même qualité. » Le serment ne pourra donc nuire ou profiter qu'aux parties entre lesquelles il est intervenu. C'est l'application d'une maxime commune à la convention (art. 1165) et au jugement : *res inter alios acta aliis neque nocere neque prodesse potest.*

Sur ce principe il faut remarquer que la personne qui doit rester la même pour que le serment produise ses effets, n'est pas la personne physique. C'est ce qu'ont pour but d'indiquer les derniers mots de l'art. 1351. Si donc un tuteur succombe dans un procès où il agit au nom de son pupille, par suite du serment de l'autre partie, ce serment ne pourrait lui être opposé dans un procès qu'il intenterait ensuite en son propre nom contre le même adversaire et sur le même objet. Quoique, en effet, les deux parties aient figuré au premier procès, l'une d'elles n'agissant plus en la même qualité, on dit que sa personne a changé. A l'inverse quoique les personnes qui sont parties dans la seconde instance ne soient pas matériellement les mêmes, le serment pourra être invoqué pour ou contre elles, si elles sont les héritiers ou ayants cause des parties entre lesquelles il a été déféré. Les successeurs à titre universel ou particulier sont, en effet, dans une certaine mesure les continuateurs de la personne juridique de leur auteur.

Ils profitent des droits et sont tenus des obligations de celui-ci (art. 1122). Si j'ai juré qu'un
immeuble dont vous vous disiez propriétaire
m'appartient, vous ne pourrez le revendiquer
de nouveau ni contre l'acheteur auquel je l'aurai
vendu, ni contre mon fils, lorsque ma mort l'en
aura fait héritier. Ainsi, lorsqu'on dit que le
serment ne fait preuve ni pour ni contre les tiers,
il ne faut pas regarder comme tels les successeurs, quels qu'ils soient, de la partie qui l'a
déféré ou prêté, pourvu bien entendu qu'ils aient
succédé à la chose sur laquelle il a porté. A plus
forte raison faut-il considérer comme partie au
serment la personne au nom de laquelle agissait
celui qui l'a déféré ou prêté.

Après avoir posé en principe que le serment
n'a d'effet qu'entre les parties, l'art. 1365 ajoute:
« Néanmoins le serment déféré par l'un des
créanciers solidaires au débiteur ne libère celui-ci
que pour la part de ce créancier ; le serment
déféré au débiteur principal libère également
les cautions ; celui déféré à l'un des débiteurs
solidaires profite aux codébiteurs ; et celui déféré
à la caution profite au débiteur principal. Dans
ces deux derniers cas, le serment du codébiteur
solidaire ou de la caution ne profite aux autres
codébiteurs ou au débiteur principal que lorsqu'il
a été déféré sur la dette, et non sur le fait de la
solidarité ou du cautionnement. » Le mot *néanmoins* placé en tête de cette série de dispositions

semble annoncer des exceptions à la règle posée
au début. Nous allons voir cependant qu'elles
en sont, au contraire, l'application. Le législateur s'occupe, en premier lieu, de la solidarité,
et il commence par supposer des créanciers solidaires. On sait que ces créanciers sont mandataires les uns des autres à l'effet de conserver et
d'améliorer leur créance. Chacun d'eux a aussi
le droit d'agir et de recevoir paiement pour le
tout en sorte que le débiteur qui paye est libéré
erga omnes (art. 1197). Mais ce n'est pas à dire
que l'un d'eux puisse disposer à son gré de la
créance de tous. Il n'existe pas, en effet, entre eux
de mandat pour tout ce qui pourrait tendre à
l'extinction de la créance autrement que par la
voie normale du paiement ; ainsi chaque créancier ne peut faire remise au débiteur que de sa
part dans la dette. Or le serment présente tous
les caractères d'une convention ayant pour effet
d'amener l'extinction de la créance, et il se
rapproche autant d'une remise de dette que d'un
paiement. Il est donc naturel qu'il n'oblige que
le créancier qui le défère, et non les autres. C'est
ce que décide l'art. 1365, 2° et sa disposition n'est
on le voit que l'application pure et simple du
principe. Comment donc expliquer le mot *néanmoins* ? Sa présence est le résultat des vicissitudes
de rédaction subies par notre article. Nous avons
vu que le droit romain, poussant jusque dans
ses conséquences extrêmes l'assimilation du

serment au paiement, voulait que le serment
déféré par l'un des créancier au débiteur le
libérât complétement et à l'égard de tous. Cette
solution fut d'abord admise par les rédacteurs
du Code dans un alinéa ainsi conçu : « néanmoins
le serment déféré par l'un des créanciers solidaires libère celui-ci pour le tout » (1). Le mot
néanmoins était alors utile et à sa place, car la
rédaction proposée contenait une dérogation
au principe placé en tête de l'article. Sur les
observations du tribunal de Grenoble la doctrine
romaine fut repoussée, mais on oublia de faire
disparaître du texte définitif le mot *néanmoins*
qui n'y a aucun sens.

Le serment refusé par l'un des créanciers après
lui avoir été déféré par le débiteur n'obligerait
pas plus les autres créanciers que si le débiteur
l'avait prêté. Mais tous profiteraient du refus
que ferait le débiteur de prêter serment sur la
délation de l'un d'eux; cela résulte du mandat
qui existe entre eux pour l'amélioration et la
conservation de la créance (2).

Supposons maintenant que la solidarité se
rencontre, dans une obligation, du côté des
débiteurs. Notre article dispose que le serment
prêté par l'un d'eux les libère tous. Cette déci-

(1) Feuet, *Discussions du code*, t. XIII.
(2) La rédaction de l'art. 1365 est incomplète, en ce qu'il omet
de parler du refus de jurer. Il devrait être ainsi conçu : Le serment fait ou refusé ne forme preuve qu'au profit de celui qui l'a
déféré ou contre lui.

sion n'est pas plus exceptionnelle que la précédente. Si, en effet, le serment prêté par l'un profite aux autres, c'est en raison d'un mandat tacite et mutuel qui donne à chacun d'eux le pouvoir de faire tous les actes tendant à la diminution ou à l'extinction de la dette. Quant au refus de jurer, il n'obligerait pas les débiteurs autres que celui à qui le serment a été déféré. Une collusion serait à craindre entre le créancier et un débiteur de mauvaise foi, si celui-ci pouvait, en refusant de jurer, faire revivre une dette solidaire éteinte ou confirmer les prétentions du créancier à un droit qui ne lui appartient pas.

La délation du serment par l'un des débiteurs ne nuira qu'à lui si le serment est prêté ; tous en profiteront s'il est refusé.

Dans toutes les hypothèses que nous venons d'examiner nous avons eu uniquement en vue le serment déféré sur l'existence même de la dette ou de la créance solidaire. Le serment d'un codébiteur solidaire ne profiterait qu'à lui s'il avait pour objet non l'obligation, mais le fait de la solidarité (art. 1365 *in fine*).

La loi ne nous dit rien de l'effet du serment prêté par l'un des créanciers ou des débiteurs dans le cas d'une obligation indivisible. C'est donc d'après les principes de cette espèce d'obligation qu'il faut déterminer l'influence du serment déféré ou prêté par un codébiteur ou un cocréancier d'une chose indivisible. Aux termes de l'art. 1224, chaque créancier peut exiger en totalité l'exécution de l'obligation indivisible; mais il ne peut seul faire la remise de la totalité de la dette. Nous conclurons de là que le serment prêté par l'un des créanciers, ou refusé, sur sa délation, par le débiteur, profitera également aux autres. Mais chacun d'eux ne pourrait compromettre le droit de ses créanciers en déférant le serment ou refusant de le prêter; ce serait, en effet, faire au débiteur une sorte de remise conditionnelle de la totalité de la dette, contrairement à la disposition de l'art. 1224. Dans le cas où il existe plusieurs débiteurs d'une chose indivisible, nous dirons aussi, comme en matière de solidarité, que le serment de l'un profite à tous, mais que le refus de jurer et la délation de serment ne peuvent entraîner la condamnation que de leur auteur. Mais cette théorie n'est pas universellement admise, et plusieurs auteurs, considérant d'un côté qu'il n'existe entre les cocréanciers ou les codébiteurs d'une obligation indivisible aucune espèce de mandat même utile, que, d'un autre côté, aucune exception n'a été faite pour les obligations indivisibles au principe de l'art. 1365 1° refusent au serment toute espèce d'effet soit à l'encontre, soit même au profit des créanciers ou débiteurs d'une chose indivisible autres que celui qui l'a prêté ou déféré (1).

(1) Cf. Durauton, XIII, n° 607; Larombière, art. 1365.

L'art. 1365, après s'être occupé de la solidarité, règle les effets du serment dans le cas où
un créancier s'est fait donner caution par son
débiteur. La caution n'est tenue qu'à une condition, c'est que l'obligation principale soit valable (art. 2012). Si donc le débiteur jure que sa
dette est éteinte ou n'a jamais existé, ce serment libère également les cautions (art. 1365).
Il est de toute logique qu'il en soit ainsi; car,
si le créancier, repoussé par le serment du débiteur principal, pouvait se retourner contre
l'obligé accessoire, celui-ci ne manquerait pas
de recourir contre le principal débiteur, qui se
trouverait ainsi privé du bénéfice de son serment (art. 2028). D'ailleurs le cautionnement a
uniquement pour but de garantir le créancier
contre l'insolvabilité du débiteur (art. 2021), et
la caution a le droit d'exiger, avant de payer,
que le créancier la subroge à ses droits, privi-
léges et hypothèques (art. 2017) : ce qu'il ne
peut plus faire lorsqu'il a échoué dans son action contre le débiteur, par suite du serment de
celui-ci.

Quant au refus de jurer du débiteur principal, la loi ne nous dit pas s'il engagerait la
caution. Quelques auteurs et quelques arrêts
l'ont soutenu (1). Mais nous croyons que le
serment déféré ou refusé par l'obligé principal

___

(1) Toullier, Denaier, Rejet, 12 février 1840.

12

ne peut nuire au débiteur accessoire. Il ne nui-
rait pas, en effet, à un codébiteur solidaire.
Comment pourrait-il être opposé à la caution,
qui est tenue d'une manière bien moins étroite?
Nous laisserons donc à la caution la faculté de
se défendre, malgré l'aveu du débiteur ou le
serment du créancier, même par des moyens
tendant à établir l'inexistence de la dette.

Il se peut que le créancier s'attaque, en premier lieu, à la caution, et lui défère le serment,
soit sur le cautionnement, soit sur l'obligation
principale. Il est clair que le serment prêté exclusivement sur le fait de l'engagement accessoire ne libérera que la caution. Mais le serment de la caution sur l'existence de la dette
profitera au débiteur principal. Que décider si
le serment était déféré ou refusé par elle?
Evidemment le débiteur principal ne pourrait
en souffrir en aucune manière. Le cautionnement ne doit jamais, en effet, nuire au débiteur.
Il n'existe que dans son intérêt.

Le droit romain décidait que le serment déféré par un débiteur n'est pas opposable à
ses créanciers, s'il l'a été en fraude de leurs
droits; ou du moins à l'*exceptio jurisjurandi* ils
pourront répondre par la *replicatio fraudatorum
creditorum* (1). Nous croyons que des créanciers
auraient également, dans notre droit, la res-

(1) L. 9, § 5; Dig., *De jurejurando.*

source d'obtenir, au moyen de l'action Pau-
lienne, la rescision d'un serment déféré par
leur débiteur frauduleusement et à leur préjudice (art. 1167). On peut objecter qu'il est singulier de les autoriser à venir contester la sincérité du serment prêté dans un procès qui
leur est plus ou moins inconnu, que c'est leur
permettre de porter devant les tribunaux civils
une accusation de parjure. Nous répondons que
ce n'est pas la prestation de serment, mais sa
délation qu'ils accusent d'être frauduleuse, et
d'ailleurs ils ne sont pas tenus de professer un
respect sans bornes pour un serment auquel
ils sont étrangers. L'art. 1363 déclare non recevable à prouver la fausseté du serment, celui-là
seulement qui l'a déféré à son adversaire, et
qui a ainsi consenti à sa prestation.

2° *Le serment est référé ou refusé.* La partie
qui reçoit la délation du serment et qui ne veut
pas le prêter a le choix entre deux partis : le
référer ou le refuser. L'un n'est guère plus
avantageux que l'autre. Refuser le serment,
c'est se condamner soi-même, et le référer, c'est
confier la décision du procès à un adversaire
très-résolu d'ordinaire à le trancher à son
profit.

La relation du serment n'est possible que
sous les conditions suivantes : 1° que la partie
qui veut retourner à son adversaire l'offre du

serment ne se soit pas déjà déclarée prête elle-même à jurer. Nous avons dit, en effet, que l'acceptation du serment lie celui qui l'accepte et le met dans l'alternative obligatoire de jurer ou de se résigner à perdre sa cause. 2° Que le fait qui doit être avéré par la voie du serment ne soit pas personnel à celui qui voudrait le référer. La relation du serment suppose un fait commun aux deux parties ou tout au moins dont elles doivent avoir l'une et l'autre connaissance. S'il s'agissait d'un fait commun à la partie qui reçoit la délation du serment et à l'auteur de celle qui lui en fait l'offre, ce serait le serment de crédibilité qu'il faudrait référer à cette dernière. La relation du serment serait entièrement impossible sur un fait tout à fait étranger à celui qui l'a déféré. C'est ce que décide l'art. 1362, et il est clair qu'il en doit être ainsi.

Il est presque inutile de dire que le serment référé ne peut être retourné de nouveau à celui qui devait d'abord le prêter; autrement, de relation en relation, on tournerait dans un cercle sans fin. La partie à qui le serment est référé aurait bien tort de se plaindre, puisque c'est elle qui en a fait la première proposition. Il est donc très-raisonnable de l'obliger à jurer si elle ne veut succomber dans sa demande (art. 1361, *in fine*).

(1) L. 38; Dig., *De jurejurando.*

La loi voit un aveu tacite dans le refus de prêter un serment régulièrement déféré. Le droit romain disait déjà : « Manifestæ turpitu- « dinis et confessionis est nolle nec jurare nec « jusjurandum referre. » Le Code en conclut que : « Celui auquel le serment est déféré, qui le refuse ou ne consent pas à le référer à son adversaire, doit succomber dans sa de- mande ou dans son exception » (art. 1361).

Nous disons avec intention qu'on ne peut re- fuser le serment référé *régulièrement*. Il est clair, en effet, que la délation du serment ne serait pas obligatoire s'il devait porter sur un fait qui ne soit pas concluant ou personnel à la partie qui doit le prêter, ou si la contestation engagée n'était pas susceptible de faire l'objet d'une transaction. Rappelons aussi que certaines per- sonnes, n'ayant pas la capacité de disposer de leurs droits, échappent à l'obligation de prêter serment. Un débat peut donc s'engager sur la régularité d'une délation : le tribunal en sera l'appréciateur, et un jugement interlocutoire ordonnera, s'il y a lieu, qu'il soit procédé à la prestation du serment.

Nous avons eu déjà l'occasion de dire qu'une partie ne peut se soustraire à l'obligation de prêter serment, sous prétexte que les faits sur lesquels il doit porter sont honteux ou illicites. Nous avons vu également qu'au dire de quel- ques anciens docteurs une partie ne serait pas

forcée de prêter un serment qu'elle ne peut référer par ce qu'il porte sur un fait qui lui est
purement personnel. Cette doctrine, qui cher-
chait un fondement dans la loi 34, Dig. pr. *de
jurejurando*, a été victorieusement réfutée par
Pothier (1).

Il arrivera quelquefois que les parties ne
s'entendent pas sur les termes dans lesquels le
serment doit être prêté. En principe, la fixation
de ces termes appartient à celui qui défère le
serment : il doit être rendu tel qu'il a été déféré. Toutefois le juge appréciera la justesse des
objections de la partie appelée à jurer et fera
droit à ses réclamations, si elles reviennent à
dire que la délation n'est pas regulière. Ainsi
l'héritier à qui on défèrerait le serment sur
l'existence de la dette de son auteur serait
fondé à demander qu'on exigeât seulement de
lui le serment de crédibilité. La partie pourrait
même obtenir la suppression d'énonciations
inutiles et non concluantes, surtout si elles
étaient conçues dans des termes blessants pour
elle. Mais, lorsque le tribunal juge que le défendeur n'a aucune juste cause de se refuser à
prêter le serment dans les termes voulus par le
demandeur, l'offre qu'il fait de le prêter suivant
une autre formule serait considérée comme
un refus de jurer et entraînerait sa condamnation.

(1) *Traité des obligations*, n. 916.

Que décider dans le cas où le défendeur jurerait, mais en rendant une affirmation moins nette que celle qui lui est demandée? Ainsi, au lieu de déclarer d'une manière catégorique qu'un fait existe ou n'existe pas, une partie jure *qu'elle ne se rappelle pas* ou *qu'elle n'a pas connaissance*. Devra-t-on considérer une telle déclaration comme un refus de serment? La question a été diversement résolue par les arrêts des cours d'appel (1). Les unes ont décidé que le serment déféré sur l'existence d'un paiement, et prêté par le créancier en ces terme: *je ne me rappelle pas*, est valable et tranche le litige de la même manière que si la réponse avait été négative. D'autres ont condamné comme si elle avait refusé de jurer une partie, qui, interpellée sur la réalité ou la fausseté d'un fait, se bornait à jurer *qu'elle n'en avait pas connaissance*. Nous pensons avec MM. Massé et Vergé, que ni l'une ni l'autre de ces solutions n'est absolument vraie; que d'une part le serment n'étant pas prêté dans les termes où il a été déféré ne peut être opposé à la partie qu'il l'a déféré, et que d'autre part il ne peut nuire à la partie qui l'a prêté, qu'autant que, d'après les circonstances, il doit être considéré comme n'étant pas l'expression de la vérité. Les tribunaux devront juger l'affaire d'après les éléments de

(1) Besançon, 1er février 1856; Bruxelles, 22 février 1819.

décision qu'elle présente, éléments de décision dans lesquels figurera l'affirmation de la partie à laquelle le serment a été déféré plutôt à titre de simple déclaration qu'avec la valeur d'un serment dans le sens de l'art. 1358 (1).

On peut se demander enfin s'il faut considérer comme un refus l'acte d'une partie qui offre de faire, au lieu de jurer, la preuve des faits sur lesquels elle est sommée de se prononcer. Cette question que les romanistes se posent, comme nous l'avons vu, à propos d'un passage de Quintilien, n'est prévue par aucun article du code. Sans doute, il semble que celui qui offre de prouver quand on lui demande seulement d'affirmer, doit voir sa proposition accueillie par tout adversaire désireux de découvrir la vérité et non de vexer son contradicteur. On peut s'expliquer d'ailleurs que certaines personnes hésitent à rendre un serment même sur des faits dont elles ont la certitude, soit que la solennité d'une déclaration à faire sous l'attestation de la Divinité effraie leur conscience, soit qu'elles redoutent de laisser qui que ce soit soupçonner leur bonne foi. Malgré ces motifs, qui ont leur valeur, nous ne pensons pas que la délation du serment décisoire laisse à la partie la libre alternative de jurer ou de prouver. Il est de principe, en effet, qu'elle est obligatoire

(1) Massé et Vergé, III, n° 608, note 27.

pour celui à qui elle s'adresse si elle porte sur
des faits concluants et dont il a personnellement connaissance. Elle peut intervenir en tout
état de cause (art. 1360), même après que des
preuves ont été fournies par lui ; rien dans la
loi ne l'autorise à se soustraire à l'offre de jurer
moyennant l'offre des preuves qui ne valent pas,
aux yeux de sa partie adverse, une simple déclaration de sa part, et qu'il propose peut-être
dans l'unique but de faire traîner l'affaire en
longueur : « Votre conscience, peut lui dire son
adversaire, vous permettrait d'affirmer votre
droit sous la foi du serment, si vous aviez vous-
même confiance dans la solidité des moyens
de preuve que vous demandez à présenter. »

APPENDICE

DU SERMENT EXTRA-JUDICIAIRE.

Le serment extra-judiciaire ne fait l'objet
d'aucune disposition du Code. Son silence s'explique. Ce serment est, en effet, d'un usage si
peu fréquent qu'il méritait à peine d'attirer l'attention du législateur. Ajoutons qu'il suffit, pour
connaître ses règles, de se reporter aux principes généraux des conventions ; car si nous
avons reconnu, dans le serment judiciaire lui-
même, les caractères d'une transaction, nous

les rencontrerons à plus forte raison dans celui qui est librement déféré et accepté, en dehors de toute instance (art. 2011).

En ce qui concerne la capacité des parties, le serment extrajudiciaire suit les mêmes principes que celui qui est déféré en justice. Or, nous avons dit que, pour déférer le serment, il faut avoir la capacité de transiger (art. 2015), et que, si tout le monde ne peut être forcé de le prêter, les incapables mêmes jurent valablement. Nous ne pouvons que renvoyer, en ce moment, aux explications que nous avons données dans nos chapitres III et IV.

C'est également aux dispositions de la loi sur les transactions qu'il faudra demander sur quelles matières notre serment peut intervenir et quels sont les effets qu'en entraîne la prestation (art. 2016 et suivants).

L'offre extrajudiciaire de prêter serment se distingue de celle qui est faite en justice en ce qu'elle n'a rien d'obligatoire. Celui qui est invité à jurer est libre de s'y refuser comme il le serait de repousser toute autre proposition de transaction. Quant à le référer, c'est un parti qu'il pourrait prendre sans doute, mais sans avoir le droit de contraindre son adversaire à jurer plus qu'il ne peut y être contraint lui-même; il lui vaut donc infiniment mieux répondre par un refus pur et simple. Si le serment extrajudiciaire est si peu pratiqué, cela tient, remarquons-le, à ce que la personne qui le défère ou le réfère se livre à l'arbitrage dangereux de son adversaire sans mettre de son côté aucune bonne chance, puisqu'elle ne peut se faire une arme du refus de jurer de ce dernier. Tout au plus pourrait-elle en tirer une présomption de fait en sa faveur lorsque le débat aura été porté en justice.

Lorsqu'un serment, offert extrajudiciairement, a été accepté, de l'accord des parties résulte une convention qui a, entre elles, force de loi (art. 1134). Celle qui a promis de jurer ne peut ni référer le serment, ni refuser de le prêter; car, dans un cas comme dans l'autre, elle manquerait à l'exécution de son obligation, ce qui autoriserait son adversaire à former contre elle une demande en dommages intérêts.

Il peut arriver que les parties se défèrent le serment devant le tribunal du juge de paix siégeant comme conciliateur. Aux termes de l'art. 55, C. de pr.: « Si l'une des parties défère le serment à l'autre, le juge de paix le recevra, on fera mention du refus de le prêter. » Cette disposition donne lieu à une question controversée : on se demande quelle est la nature du serment déféré devant le juge de paix, est-il judiciaire ou extrajudiciaire ?

La question est sans intérêt dans le cas où le serment est prêté; alors, en effet, il n'est pas douteux que celui qui le prête gagne son procès en vertu de la convention intervenue entre lui et son adversaire, laquelle convention est constatée par le procès-verbal.

Mais il n'en est pas de même dans le cas où le serment offert est refusé. Si, en effet, on le considère comme judiciaire, le refus de jurer entraînera forcément la condamnation de son auteur, et le tribunal civil n'aura qu'à prononcer cette condamnation, sans pouvoir examiner la cause au fond, ni admettre à prêter serment la partie qui n'a pas voulu jurer devant le juge de paix. Décide-t-on, au contraire, que le serment est extra-judiciaire, alors il n'oblige pas la partie qui en reçoit la délation ; cette délation est considérée, en cas de refus, comme non avenue, et le tribunal, appelé à statuer sur le débat, est libre de n'en tenir aucun compte et d'instruire l'affaire par tous les moyens, même par la délation d'un nouveau serment.

Les personnes qui tiennent que le serment est judiciaire fondent leur opinion sur l'art. 55, Pr. civ. La loi, disent-elles, veut que le juge de paix fasse mention, dans son procès-verbal, du refus comme de la prestation du serment. N'est-ce pas que l'un doit avoir, tout comme l'autre, une influence décisive sur la suite du procès ? Et il doit en être ainsi ; car si la partie qui prête serment s'assure la victoire, pourquoi le refus de jurer n'aurait-il pas contre elle des conséquences aussi considérables ? On ajoute que la tentative de conciliation est le commencemen

de la procédure et comme la première phase de
l'instance. On en conclut que le serment intervenu devant le juge de paix est vraiment judiciaire, et on lui fait application de la disposition
de l'art. 1361. Il doit donc être référé ou prêté,
si la partie sommée de jurer ne veut succomber
dans sa demande ou dans son exception.

Bien que ce système puisse invoquer en sa
faveur de graves autorités, nous n'hésitons pas
à le repousser et à dire que le serment déféré
devant le juge de paix est purement extra-judiciaire. La vérité est, en effet, que la tentative
de conciliation n'est aucunement le commencement de l'instance, puisque son but est, au contraire, de la prévenir et de l'empêcher de s'engager. Lorsque deux parties comparaissent
devant le juge de paix siégeant comme conciliateur, le rôle de celui-ci est uniquement de les
assister de ses conseils et de pacifier, si faire se
peut, une contestation qui n'est pas encore un
procès. Si le serment déféré devant lui devait
être obligatoire, il faudrait qu'il se livrât, avant
de l'admettre à l'examen de la régularité de la
délation ; il aurait à rechercher quelle est la capacité des parties, si l'objet du litige peut donner matière à transaction. Or ce sont là des
questions qu'il ne peut trancher. Comment donc
pourrait-il exiger le serment? Car ce n'est
qu'après avoir pris connaissance de la cause et
jugé s'il y a lieu au serment qu'un tribunal

civil en ordonne la prestation (art. 120, C. pr).

A l'argument tiré de l'art. 55, nous répondons que, dans le cas où le serment extrajudiciaire se produit hors de la présence du juge de paix, le refus de jurer reste sans résultat, tandis que le serment prêté décide du procès ; c'est un point qui est reconnu par tout le monde. Pourquoi s'étonnerait-on de trouver entre l'acceptation et le refus du serment la même différence lorsque les parties sont en présence du juge conciliateur, puisque, nous le répétons, le caractère de la tentative de conciliation n'est pas celui d'une lutte judiciaire, mais d'une discussion amiable entre deux personnes réunies pour essayer de s'entendre ? Que si l'art. 55 prescrit au juge de paix de faire mention, dans son procès-verbal du refus de jurer, cela ne veut pas dire que le tribunal soit tenu de prendre ce refus en considération, et de prononcer la condamnation de son auteur. Ou il faut que le juge passe complétement sous silence la délation du serment, ou il faut qu'il indique si elle a abouti à une prestation ou à un refus. Dans le cas où le serment n'a pas été prêté, il est bon que le tribunal le sache ; il en pourra tirer une présomption de fait contre la partie qui n'a pas voulu jurer, à supposer qu'il lui soit permis de fonder son jugement sur de simples présomptions (art. 1353). Mais là s'arrêtera l'influence du refus d'un serment déféré devant le

juge de paix, et le tribunal auquel l'affaire sera
soumise restera libre de ne tenir aucun compte
de ce refus (1).

DU SERMENT DÉFÉRÉ SUR L'EXISTENCE D'UN BAIL.

Aux termes de l'article 1715, lorsqu'un bail
sans écrit et qui n'a reçu aucun commencement
d'exécution est nié, la preuve ne peut en être
faite par témoins, quelque modique qu'en soit
le prix. *Le serment peut seulement être déféré à celui
qui nie le bail.*

Quelques auteurs pensent qu'il est question,
dans la disposition finale de cet article, du serment décisoire et déféré par la partie. Nous ne
sommes pas de leur avis. Dans leur système, en
effet, la loi aurait dit quelque chose de bien inutile, puisque les parties ont, dans toutes les contestations et en tout état de cause, le droit de
recourir au serment. Selon nous, la loi suppose
que celui qui affirme le bail hésite à demander
le serment ou l'interrogatoire sur faits et articles de son adversaire. En pareil cas, le devoir
du juge serait, en l'absence de l'art. 1715, de
rejeter la prétention du demandeur. Cet article
lui permet de chercher, dans la délation du ser-
menr, un moyen d'échapper à cette nécessité.
Remarquons que le serment ainsi déféré par le

(1) Boitard, Colmet-Daàge, art. 55, Pr. Civ.

juge n'est cependant pas supplétoire, puisqu'il peut intervenir en l'absence de tout commencement de preuve.

TITRE II

Du serment déféré d'office.

Le but de ce serment est toujours de compléter une preuve imparfaite; mais le juge y a recours, soit pour achever d'éclairer sa religion sur le fond même du débat, soit comme à un moyen de se fixer sur la valeur de l'objet du litige. « Le juge, dit l'art. 1366, peut déférer à l'une des parties le serment, ou pour en faire dépendre la décision de la cause, ou seulement pour déterminer le montant de la condamnation. » Dans le premier cas, le serment est appelé *supplétoire* (*jusjurandum judiciale*); dans le second, on lui donne le nom de serment *en plaids* ou *estimatoire* (*jusjurandum in litem*).

En présence d'une demande mal justifiée, le juge trouve dans la faculté de déférer le serment à l'une des parties un moyen utile et commode de sortir d'embarras; mais il n'est pas difficile d'apercevoir les inconvénients d'un tel mode d'instruction. La partie à qui le ser-

ment est déféré d'office reçoit, en quelque sorte,
mission de rendre la sentence, ou, tout au moins,
elle acquiert le droit de se faire un titre à elle-
même par sa seule affirmation. L'autre partie
se trouve livrée sans défense à l'arbitrage, rarement impartial, d'un adversaire. Un tel résultat
est déjà exorbitant et contraire aux règles ordinaires de la preuve, lorsque le serment est
déféré entre parties. Alors cependant il est admissible, parce que c'est en vertu de la convention des parties que le serment est prêté, et sur
la demande de celle qui en doit subir les conséquences. Ici, le serment étant déféré à l'un des
plaideurs par l'office du juge et ordinairement
contre le gré de l'autre, les mêmes motifs n'en
justifient pas l'emploi, et on ne peut que s'as-
socier aux critiques dont l'institution du serment supplétoire est l'objet. Ses dangers n'a-
vaient pas échappé à la sagacité de nos anciens
commentateurs. Doneau, Henrys, le président
de Lamoignon déclarent que ce serment est une
porte ouverte à l'arbitraire et à l'iniquité : ils en
déplorent l'abus plus fréquent sans doute à leur
époque qu'aujourd'hui. Papon nous apprend
que le parlement avait fini par considérer les
serments supplétoires « comme chose préjudi-
ciable au salut, pour avoir connu les mœurs des
hommes, par inclination du temps, dépravées
jusqu'à mépriser tel sacrement en peu de chose. »
D'autres auteurs pensaient qu'il vaut mieux dé-

13

cider le gain du procès à la courte paille ; « car,
dans l'épreuve du sort, on ne tente que la Pro-
vidence ; ici on tente encore l'intérêt personnel. »
Le grave Pothier fonde son jugement sur sa
longue expérience de la justice : « Depuis qua-
rante ans, dit-il, que je fais ma profession, je
n'ai vu que deux fois une partie retenue par la
religion du serment. » Malgré cette sorte de
croisade entreprise par les jurisconsultes de
notre ancien droit contre la pratique du serment
déféré d'office, les rédacteurs du Code ont cru
devoir en maintenir l'institution, sauf à la soumettre à des règles dont nous allons rendre
compte en traitant successivement du serment
supplétoire et du serment estimatoire ou en
plaids.

CHAPITRE PREMIER

DU SERMENT SUPPLÉTOIRE.

Il est déféré à l'une des parties, non par l'autre partie comme le serment décisoire, mais par
le juge qui y recourt d'office pour compléter sa
conviction.

L'art. 1366, en nous disant que le magistrat
peut le déférer « pour en faire dépendre la décision de la cause, » laisserait croire que le juge
peut puiser dans le serment son seul et unique
moyen de décider. Telle n'est pas cependant la

signification des expressions qu'il emploie; car
le serment déféré d'office ne peut jamais fournir
au juge qu'un moyen de preuve complémen-
taire. L'art. 1367 lève à cet égard toute espèce
de doute. Cet article, le plus important de notre
matière, est ainsi conçu : « Le juge ne peut déférer d'office le serment, soit sur la demande,
soit sur l'exception qui y est opposée, que sous
les deux conditions suivantes ; il faut : 1° que la
demande ou l'exception ne soit pas pleinement
justifiée ; 2° qu'elle ne soit pas totalement dénuée de preuves. Hors ces deux cas, le juge doit
ou adjuger ou rejeter purement et simplement
la demande. »

Premièrement donc, le juge ne peut déférer
le serment quand la preuve est complète. Elle
serait telle, par exemple, si le demandeur produisait, à l'appui du contrat dont il poursuit
l'exécution, un acte authentique ou sous seing
privé conforme aux prescriptions de la loi. Pothier ne refusait pas absolument aux juges le
droit de déférer le serment sur un fait dont la
preuve était acquise au débat, mais il leur con-
seillait d'en user rarement. « Lorsque, la demande étant justifiée, les exceptions proposées
contre la demande ne se trouvent appuyées que
d'indices trop légers pour que l'affirmation du
défendeur puisse en compléter la preuve, le juge
peut, si bon lui semble, en donnant gain de
cause au demandeur, prendre son serment pour

assurer davantage sa religion. Je ne conseille-
rais pas néanmoins aux juges d'user souvent de
cette précaution, qui ne sert qu'à donner occasion à une infinité de parjures » (1). Le Code a eu
parfaitement raison d'interdire formellement le
serment dans un cas où on n'en comprendrait
pas l'utilité.

Secondement le serment supplétoire ne pourra
trouver place que dans une cause où il existe
déjà un commencement de preuve. Quel doit
être ce commencement de preuve ? Il faut, à cet
égard, faire des distinctions. D'abord, il se peut
que l'intérêt engagé dans le débat n'excède pas
la somme de 150 francs. Alors tout commencement de preuve, quel qu'il soit, ne fût-ce qu'un
témoignage isolé ou une simple présomption de
fait, rendra recevable la délation du serment
par le juge. Rien ne l'empêche, en effet, de
fonder en pareil cas sa décision sur la moindre
déclaration d'un témoin ou sur un indice quelconque favorable à l'une des parties. A plus
forte raison pourra-t-il chercher à corroborer,
par une délation de serment, l'élément de conviction imparfait qui lui est fourni. Il en sera
différemment dans les procès d'un intérêt trop
considérable pour admettre *de plano* la preuve
testimoniale. Rappelons qu'au-dessus de 150 fr.
la preuve d'une obligation ne peut être faite ni

(1) *Traité des obligations*, n° 924.

par témoins ni par présomptions de l'homme, à moins qu'il n'existe un commencement de preuve par écrit, et sauf les cas où la rédaction d'un acte a été impossible aux parties (art. 1341, 1347, 1348, 1353). Nous croyons qu'une telle obligation ne pourra également faire l'objet du serment déféré d'office qu'à la condition qu'il en existe un commencement de preuve littérale, c'est-à-dire « un acte par écrit émané de celui contre lequel la demande est formée ou de celui qu'il représente, et qui rende vraisemblable le fait allégué » (art. 1347). Et, en effet, comme en l'absence de tout écrit la preuve ne peut alors être faite ni par témoins, ni par présomption de l'homme, l'existence de pareils moyens de conviction ne serait d'aucune efficacité, et la demande n'en devrait pas moins être considérée comme complétement dénuée de preuves. En résumé, au-dessous de 150 francs, l'existence d'un moyen de preuves quelconque justifie la délation du serment supplétoire; au-dessus, le juge ne peut le déférer que dans le cas où la preuve testimoniale serait elle-même recevable (1).

Toutefois, voici un cas où la loi permet la délation du serment sur un intérêt quelconque, bien que le commencement d'écrit invoqué par l'une des parties ne satisfasse pas aux condi-

---

(1) Bonnier, n° 369; Aubry et Rau, VI, p. 473.

tions exigées par l'art. 1347. L'art. 1329 dispose : « Les registres des marchands ne font point, contre les personnes non marchandes. preuve des fournitures qui y sont portées, *sauf ce qui sera dit à l'égard du serment.* » Il est certain que le serment auquel se réfère cette disposition n'est pas le serment décisoire : lequel ne dépend que de la volonté des parties et peut intervenir en l'absence de tout commencement de preuve. Son sens, est donc que si les livres des marchands ne font pas preuve à leur profit contre les personnes non commerçantes, les énonciations qu'ils contiennent créent cependant une présomption suffisante pour permettre au juge de déférer le serment. Ainsi la loi se contente ici d'un commencement de preuve qui émane, contrairement à l'article 1347, de celui par lequel la demande est formée. Cette dérogation s'explique, si l'on songe que les formalités rigoureuses auxquelles sont soumis les livres des marchands rendent la fraude peu vraisemblable dans les énonciations qu'on y trouve (art. 8-11. C. com.).

Nous trouvons dans l'art. 19 du Code de commerce un autre cas où le juge pourra déférer le serment, en vertu d'une simple présomption et en l'absence de tout écrit. Cet article suppose que l'une des parties, sommée de représenter les livres qu'elle est obligée de tenir en qualité de commerçante, refuse d'obéir à cette injonction. Il résulte contre elle de ce refus, non une preuve entière, mais une présomption qui permettra au juge de déférer le serment à son adversaire.

Le serment supplétoire ne peut être déféré que par le juge, et il le sera ordinairement sur son initiative (art. 1357). Toutefois il peut arriver dans la pratique qu'une partie, après avoir présenté ses moyens de preuve, prie le juge, par des conclusions subsidiaires, de déférer le serment à son adversaire, s'il ne se trouve pas suffisamment renseigné. En pareil cas, le serment, s'il y est donné suite, sera supplétoire; la partie laisse, en effet, au juge le soin de décider s'il est besoin d'y recourir, et c'est par lui qu'il sera déféré. Mais, lorsqu'une partie défère directement à l'autre le serment, peu importe qu'elle le fasse par des conditions additionnelles et après avoir fourni à l'appui de sa demande d'autres moyens de preuve, le serment n'en est pas moins décisoire et le juge ne pourrait, par conséquent, ni en empêcher la délation, ni rendre une sentence contraire à ce qui aurait été juré.

La jurisprudence a cependant admis, dans un grand nombre d'arrêts, que le serment déféré par l'une des parties à l'autre peut, à la volonté du juge, ou même doit absolument être considéré comme un simple serment supplétoire, s'il n'est déféré que subsidiairement et après l'invocation d'autres moyens de preuve.

Si ce système était admis, il en résulterait que
ce serment ne pourrait être déféré que par les
juges et lorsque les conditions de l'art. 1367 se
trouveraient réalisées; il pourrait être déféré,
au gré du tribunal, à la partie qui en a fait la
proposition ou à son adversaire; il ne serait pas
susceptible d'être référé; enfin, la fausseté de
l'affirmation fournie pourrait être prouvée en
appel ou même avant la fin de l'instance.

Mais la théorie de la jurisprudence est une
erreur évidente, contre laquelle les auteurs sont
unanimes à protester.

Le seul argument qu'elle invoque en sa faveur
est celui-ci : le serment n'est décisoire que lorsqu'il est déféré en l'absence de toute preuve et
comme le seul et unique moyen de justifier une
prétention. Alors le juge n'a aucune autre raison à examiner, aucun autre élément de décision fourni par les parties à prendre en considération. Toute la question se réduit pour lui à
savoir si le serment sera prêté ou refusé. Dans
le cas, au contraire, où le serment est déféré
par une partie dans des conclusions subsidiaires, c'est évidemment qu'elle entend faire
du serment le complément des preuves déjà
fournies. Elle use de l'un sans renoncer aux
autres; son intention est que le juge se forme
une opinion d'après l'ensemble des modes d'instruction employés, et non qu'il fasse dépendre
uniquement et forcément du serment la déci-

sion du litige. Le serment n'est donc pas ici décisoire (1).

Ce raisonnement, et la jurisprudence n'en a
pas de meilleur à faire à l'appui de sa thèse, ne
supporte pas l'examen. Où a-t-on jamais vu, en
effet, que le serment décisoire ne peut être déféré qu'au début de l'instance et par une partie
qui n'a pas essayé de faire autrement la preuve
de sa demande ou de son exception? Et comment a-t-on pu émettre un tel système, en présence de l'art. 1360 qui dit formellement le contraire? Le serment, dit cet article, peut être
déféré *en tout état de cause.* Cela veut-il dire qu'il
doit l'être avant toute discussion sur le fond du
débat? La loi prend encore la peine d'ajouter
qu'il peut intervenir, « encore qu'il n'existe aucun commencement de preuve de la demande
ou de l'exception sur laquelle il est provoqué. »
Pour la loi donc, ce qui aurait pu faire doute,
c'est le point de savoir si le serment peut être
déféré par la partie en l'absence de toute autre
preuve; tant il est certain que l'existence de
preuves à l'appui d'une demande n'empêche pas
le serment d'être recevable sur les faits qu'il
s'agit d'avérer.

La jurisprudence se heurte aux principes les
plus élémentaires de notre matière. Que devien-
nent, dans sa théorie, les définitions de nos

(1) Cass., 7 nov. 1838; Douai, 01 janvier 1833; Metz, 17 décembre 1856.

deux espèces de serment? L'art. 1357 établit
clairement que le serment est supplétoire lorsqu'il est déféré par le juge, décisoire lorsqu'une
des parties le défère à l'autre pour en faire dépendre le jugement de la cause. Déclarer supplétoire le serment déféré par la partie, c'est
violer la loi, et c'est ce que fait la jurisprudence.

Ajoutons qu'elle ne tient pas compte de la
nature transactionnelle du serment décisoire.
Il est de règle, en effet, que; dans un procès, les
parties ont, en tout état de cause et jusqu'au jugement définitif, la faculté de transiger; et le juge,
le devoir de respecter toute convention qu'il
leur plait de conclure. Pourquoi s'opposerait-il
plutôt à une délation qu'à une autre offre de
transaction ? « Lorsque c'est moi, plaideur, dit
Marcadé, qui déclare m'en remettre au serment
de mon adversaire et tenir mon procès pour
perdu s'il prête ce serment, qu'importe que je
fasse de cette déclaration mon seul moyen, ou
que je n'y recoure qu'après avoir tenté la chance
d'autres moyens? Qu'importe que cette déclaration soit mon début ou qu'elle soit ma fin?
Qu'importe qu'elle constitue ma seule conclusion, ou qu'elle vienne comme un subsidiaire
extrême après une série de conclusions aussi
longue qu'on voudra? »

Remarquons, en terminant, que le serment
est un moyen dangereux qu'on ne se résigne à

employer qu'en désespoir de cause et après avoir épuisé toutes ses ressources. Exiger que la partie qui veut en faire usage le défère dès le début de l'instance, c'est supprimer presque absolument de la pratique les serments décisoires, et donner à l'institution du serment supplétif une importance qu'elle ne doit pas avoir.

Il est véritablement étonnant qu'une doctrine aussi contraire aux principes que celle que nous venons de combattre ait reçu la consécration presque unanime des arrêts des cours d'appel (1).

Le serment supplétoire est toujours déféré par le magistrat. Mais à qui en fera-t-il la délation ? La loi n'ayant pas réglé ce point, il dépend de lui de l'imposer à l'une ou à l'autre des parties. Il demandera de préférence le serment à celle que les circonstances de la cause et l'inspiration de sa conscience lui font considérer comme devant faire une déclaration sincère et utile à la manifestation de la vérité. Le plus souvent son choix se portera sur la partie dont la prétention se trouve déjà justifiée par un commencement de preuve. La loi semble lui recommander de choisir cette partie ; car elle indique, dans quelques cas, à qui le serment doit être déféré, et la partie qu'elle permet de faire jurer est toujours celle qui a, en sa faveur, la

(1) Marcadé, art. 1358-1360; Bonnier, n° 346; Aubry et Rau, VI, p. 353.

présomption d'une prétention fondée. Ainsi, l'art. 1369 veut que le serment estimatoire soit déféré au demandeur parce que la justesse de sa prétention, dont il a fait la preuve au fond, est une garantie de sa sincérité sur les points qu'il reste à éclaircir. L'art. 17 du Code com. décide que le serment pourra être prêté, sur la délation du juge, contre le commerçant qui refuse de montrer ses livres ; c'est qu'il résulte de ce refus, au profit de l'adversaire qui doit jurer, une présomption considérable.

Que ce soit la loi ou le juge qui désigne la partie qui doit prêter le serment supplétif, on comprend que cette partie ne puisse le référer à son adversaire, et c'est ce que décide l'art. 1368. Quelques docteurs de notre ancien droit étaient d'une autre opinion. Mais Pothier les combattait ; « car, disait-il, pour que je puisse référer le serment à une partie, il faut évidemment que ce soit elle qui me l'ait déféré. »

Bien que la loi ne reproduise pas, à propos du serment supplétoire, la règle d'après laquelle une partie ne peut être appelée à jurer que sur son fait personnel (art. 1359), il est certain que le juge ne pourra déférer le serment à un plaideur sur des faits qui lui sont étrangers. Toutefois, rien ne l'empêcherait, contrairement à ce que soutient Toullier, de déférer le serment à la partie sur un fait qui n'est pas le sien, mais dont il est à présumer qu'elle a connais-

sance. Il pourrait condamner une partie sur le
simple commencement de preuve qui lui est
fourni ; pourquoi lui serait-il interdit de corroborer sa conviction par la délation d'un serment de crédulité ? Il y a plus de raisons encore
de permettre au juge qu'à la partie de déférer
un tel serment. Et nous avons vu cependant
que le serment décisoire de crédibilité était toujours possible, les art. 2275 C. civ., et 189 C.
com. n'étant pas des exceptions, mais des cas
d'application d'un principe général.

Il n'est pas absolument nécessaire qu'un serment supplétoire porte sur un fait décisif, mais il
faut du moins qu'il soit déféré sur un point dont
l'éclaircissement présente quelque utilité. Il
pourra, en principe, trouver place dans toute
espèce de contestation, comme celui qui est déféré par la partie, sauf sur des matières qui touchent à l'ordre public, ou sur des faits dont la
loi soumet la preuve à des règles spéciales. Le
juge ne pourrait ainsi déférer le serment sur
des questions qui n'admettent pas l'aveu, et sur
des actes dont la loi ne veut pas qu'il soit tenu
compte dans le cas d'inobservation des formalités qu'elle a prescrites. « Dans les causes de
grande importance, telles que celles du mariage, dit Pothier, ce qui manque à la demande
ne peut se suppléer par le serment du demandeur, et le défendeur en doit toujours obtenir

congé lorsqu'elles ne sont pas pleinement jus-
tifiées. »

Dans le cours des développements qui précèdent, nous avons indiqué déjà que le serment
déféré d'office diffère du serment décisoire :

1° En ce qu'il est déféré par le juge et à la
partie choisie par lui. (art. 1357-1366);

2° En ce qu'il ne peut être déféré sur une
demande pleinement justifiée ou totalement dénuée de preuves (art. 1367) ;

3° En ce qu'il n'est pas susceptible d'être référé ;

4° En ce qu'il n'est qu'un simple mode d'ins-
struction laissé à la disposition du juge, et non
le résultat d'une convention intervenue entre
les parties.

Cette dernière différence porte sur la nature
même de nos deux espèces de serment. Les principes d'où ils tirent leur efficacité n'étant pas
les mêmes, nous ne nous étonnerons pas de trouver des différences dans leurs effets. Ils se res-
semblent cependant en ce qu'ils entraînent l'un
et l'autre la condamnation, en cas de prestation,
de l'adversaire de celui qui jure, en cas de refus, de la partie qui ne consent pas à prêter
serment.

Mais, tandis que les effets du serment décisoire sont irrévocables (art. 1363), la fausseté
du serment déféré d'office peut être prouvée

par l'adversaire. Que je ne puisse attaquer la sincérité d'un serment déféré par moi, rien de plus juste ; il n'y a pas les mêmes raisons de m'imposer le respect d'une affirmation fournie par mon adversaire sur la délation du juge. Si donc je découvrais, après le serment prêté, des moyens de preuve capables de justifier ma prétention, en démontrant qu'il n'est pas l'expression de la vérité, je pourrais, tant que la sentence n'est pas rendue, les faire valoir, et obtenir ainsi gain de cause. Le juge n'est, en effet, nullement lié par le serment qu'il a déféré ; il peut le rétracter tant qu'il n'est pas prêté, et, après sa prestation, il a le droit et le devoir d'accueillir toute preuve contraire. Si le jugement était rendu, la partie perdante à laquelle seraient survenus de nouveaux moyens de preuve pourrait les proposer en appel, s'il y avait lieu d'appeler. Il lui serait également loisible de se porter partie civile dans une instance formée au criminel contre le parjure et de solliciter, au besoin, la poursuite de son adversaire par la voie de la plainte au ministère public. Après l'expiration des délais de l'appel, elle aurait la ressource de la requête civile, sous la condition de prouver le dol de sa partie adverse (1).

L'appel, est-il besoin de le dire, pourrait être interjeté, lors même que l'appelant n'aurait pas

(1) Bonnier, n° 373 ; Larombière, V, art. 1368 ; Contra : Aubry et Rau, VI, § 766.

de nouvelles preuves à fournir. Le Tribunal de
deuxième instance recevra et appréciera tous
les moyens, nouveaux ou anciens, preuves ou
indices, tendant à combattre la présomption résultant du serment. Pothier enseigne qu'il pourra
ne tenir aucun compte du serment prêté, se décider sur les motifs de la partie condamnée par
les premiers juges, ou bien même déférer, de
nouveau, le serment à la partie adverse de celle
qui l'a prêté en première instance.

La partie à laquelle le serment a été déféré
par le juge, et qui a refusé de le prêter, pourrait-elle attaquer par la voie de l'appel la sentence qui la condamne? Il faut répondre négativement; car il serait ridicule qu'elle vînt renouveler une prétention dont elle a reconnu
elle-même l'inanité en refusant de l'affirmer par
serment, quand le juge mettait entre ses mains
ce facile moyen de succès. Si donc elle interjette
appel, le premier jugement sera purement et
simplement confirmé.

CHAPITRE II.

DU SERMENT ESTIMATOIRE.

Il se peut qu'un demandeur ait complétement
prouvé son droit, mais que la chose qui fait
l'objet de sa réclamation ne puisse être restituée

en nature, que, par exemple, elle ait péri par
suite du dol du défendeur, et qu'il en résulte
l'impossibilité pour le juge de fixer, à l'aide des
moyens ordinaires, le montant de la condamnation à prononcer. L'art. 1369 prévoit ce cas
et décide que le serment pourra être déféré au
demandeur, faute d'autre moyen d'évaluation
de la chose demandée. Ce serment s'appelait,
dans notre ancien droit, serment *en plaids;* c'est
le *jusjurandum in litem* des Romains. Le juge ne
doit y recourir qu'avec une extrême réserve; il
aurait tort de le déférer toutes les fois que la
preuve dont il a besoin pourrait être faite d'une
autre manière, fût ce même par la commune
renommée.

Nous avons vu qu'en droit romain le *juramentum in litem* était une peine pour le défendeur coupable de dol, ou tout au moins de déso-
béissance à l'ordre de restituer du juge. Aussi
le serment était-il déféré quelquefois *sine ulla
taxatione.* Dans notre droit, le serment estimatoire ne présente aucun caratère pénal; il est
déféré uniquement dans le but de faire connaître la valeur exacte de l'objet qui ne peut être
représenté; et, dans la crainte des exagérations
auxquelles ne manquent pas de se livrer les
personnes qui réclament la réparation d'un préjudice, la loi prescrit au juge de déterminer la
somme, jusqu'à concurrence de laquelle le demandeur sera cru sur son serment.

14

De ce que le serment estimatoire n'est plus
une peine dans notre droit, nous conclurons
qu'il peut être déféré contre l'héritier de celui
qui aurait empêché la constatation de la valeur
de l'objet réclamé par son dol ou autrement.
D'ailleurs, nous admettrions aussi que, suivant
les circonstances, il peut être prêté par l'héritier
de celui qui a été dépouillé, s'il est prouvé qu'il
a pu connaître la valeur de la chose récla-
mée.

Ce serment se distingue du serment supplétoire, proprement dit, parce qu'il ne peut être
déféré qu'au demandeur, et qu'il porte non sur
le fond de sa prétention, mais sur le taux de
l'indemnité à laquelle il a droit. Il ressemble au
serment supplétoire, en ce qu'il n'est qu'un
moyen d'instruction. De là résulte que ses effets
n'ont rien d'irrévocable. Le défendeur pourra
donc combattre, par tous les moyens, les déclarations du demandeur, soit en appel, soit en
première instance, tant que le jugement n'est
pas prononcé.

Le serment estimatoire s'appliquera, entre
autres cas, lorsqu'il y aura eu perte de mar-
chandises confiées à un voiturier (art. 1782),
ou disparition des effets déposés par un voyageur dans un hôtel (art. 1952). Il est rare, en
pareil cas, que la preuve de la valeur des objets
perdus puisse être régulièrement faite. Le juge
devra donc, par la force des choses, prendre en

considération les déclarations du voyageur ou de l'expéditeur.

Il résulte de l'art. 1716 que, dans le cas où une contestation s'élèverait sur le prix d'un bail non écrit, et dont l'exécution est commencée, le juge devra, s'il n'existe pas de quittances, croire le propriétaire sur son serment. Nous considérons comme estimatoire le serment déféré, en pareil cas, au propriétaire, et le juge pourra, selon nous, fixer un maximum au delà duquel il ne sera pas cru. Le preneur a d'ailleurs le droit de s'opposer au serment du locateur, en demandant une estimation par experts ; seulement les frais de l'expertise resteront à sa charge, si l'estimation excède le prix qu'il a offert.

TITRE III

Procédure et formes du serment.

I. Nous avons à fournir ici l'explication des articles 120-121 du Code de procédure. Aux termes du premier de ces articles, « Tout jugement qui ordonne un serment énoncera les faits sur lesquels il sera reçu. » On a soulevé la question de savoir à quel serment s'applique cette disposition. S'étend-elle aux deux espèces de serment ? Doit-elle, au contraire, se borner au

serment supplétoire, rester inapplicable au serment déféré par la partie?

Voici, selon nous, ce qu'il faut répondre. Le
serment décisoire pourra être prêté et le sera
quelquefois sans qu'il soit besoin d'aucun jugement qui en ordonne la prestation. Supposons,
en effet, que les deux parties en présence assis-
tent l'une et l'autre à l'audience, à côté de leurs
avoués; dans le courant du débat, l'une d'elles,
le demandeur par exemple, défère le serment à
son adversaire. Un jugement est-il nécessaire
pour obliger celui-ci à jurer, s'il ne conteste
pas la régularité de la délation? Non, évidemment; le serment pourra être immédiatement
prêté, et tout ce que fera le tribunal sera de
donner acte de la délation, et, au besoin, de la
prestation, si elle s'opère séance tenante, et
qu'il ne juge pas à propos de prononcer tout de
suite le jugement définitif. On voit assez qu'ici
un ordre du juge prescrivant la prestation du
serment et donnant l'énonciation détaillée des
faits sur lesquels il doit porter serait complète-
ment inutile.

Mais il est rare que les choses se passent
comme nous venons de le décrire. Les parties
ne sont pas, en effet, dans l'habitude de comparaître personnellement, et quand elles se trouveraient toutes deux à l'audience de leur plein
gré ou sur l'ordre du tribunal, il sera rare que
l'une d'elles prenne *ex abrupto* le parti de défé-

rer le serment à son adversaire; à supposer qu'elle le fasse, il en résulterait presque toujours entre elles une contestation que le tribunal serait forcé de trancher par un jugement. C'est ce qui aura lieu si l'adversaire prétend que la matière du procès n'est pas de nature à être décidée par la voie de la transaction, ou si, tout en reconnaissant que la contestation peut faire l'objet d'un serment décisoire, il objecte que le demandeur n'est pas capable de le déférer.

Le plus souvent la délation de serment sera contenue dans les conclusions prises par la partie, conclusions principales ou accessoires. Dans ce cas, lors même que l'offre du serment ne soulèverait pas les objections de celui qui doit le prêter, le tribunal devrait rendre un premier jugement interlocutoire, ordonnant que la prestation du serment sera reçue à un jour donné, et contenant l'énonciation précise des faits sur lesquels l'affirmation du défendeur est requise. L'importance de cet énoncé est évidente; n'est-il pas, en effet, indispensable que celui de qui le serment est exigé connaisse d'avance sur quel objet doivent porter ses déclarations et puisse ainsi se pénétrer de la gravité de l'acte qu'on lui demande d'accomplir?

L'art. 121 C. proc. décide que : « le serment sera fait par la partie en personne et à l'audience. » Cette disposition a pour but d'abroger

la jurisprudence vicieuse de quelques parle-
ments qui autorisaient le serment par procureur.
C'était mal comprendre la nature du serment.
« Tel, en effet, comme le fit observer le tribunal de Rennes, qui ne craindrait pas de donner
à un tiers procuration d'affirmer pour lui,
pourrait n'avoir pas l'audace d'étouffer en public
le cri de sa conscience qui lui reproche un parjure » (1).

Par exception, le serment pourra être prêté
hors de l'audience. 1° Dans le cas d'empêche-
ment légitime et dûment constaté ; par exemple,
dans le cas de maladie. Alors un juge commis
par le tribunal se transportera au domicile de
la partie qui doit jurer pour recevoir son serment. — 2° Dans le cas où la partie à laquelle
le serment doit être déféré est trop éloignée.
Alors le pouvoir de recevoir le serment sera dé-
légué, le plus souvent, au tribunal de la rési-
dence de cette partie. L'art. 1035 décide que
les juges pourront aussi « commettre un tribunal voisin, un juge, ou même un juge de paix,
suivant l'exigence des cas ; ils pourront même
autoriser un tribunal à nommer soit un de ses
membres, soit un juge de paix pour procéder
aux opérations ordonnées. »

Que le serment soit prêté en audience publique ou à domicile, l'art. 121 veut que, dans

(1) Fenet, Discussion du code, t. V.

tous les cas, le serment soit fait en présence de
l'autre partie, ou elle dûment appelée. La présence de l'adversaire est, en effet, une garantie
de plus contre la possibilité du parjure. L'origine de cette dernière disposition se trouve dans
une novelle de Justinien. Il est à remarquer
que la loi ne prononce pas la nullité du serment à la prestation duquel l'adversaire n'aurait pas été présent ou régulièrement convoqué.
C'est ce qui explique qu'un arrêt de la cour
d'Aix ait déclaré valable un serment prêté en
l'absence de la partie adverse (1).

II. Le Code civil et le Code de procédure civile ne nous indiquent pas suivant quelle forme
le serment doit être prêté. Dans le silence de la
loi, la jurisprudence a cru devoir adopter le
mode le plus simple. Sur l'interpellation du
président qui lui rappelle les faits qu'elle doit
affirmer, la partie répond : *je le jure*, en tenant
la main droite levée. Cette manière de prêter
serment trouve sa consécration dans l'art. 312
du Code d'instruction criminelle relatif au serment qui est exigé des jurés devant la cour
d'assises. Ainsi point d'imprécation, point de
paroles sacramentelles ; le serment conserve,
dans notre droit, le caractère religieux qui est
de son essence, mais aucun cérémonial n'est

(1) Aix, 21 mai 1811.

exigé ni en droit, ni en fait pour sa prestation,
et, si quelque chose peut étonner, c'est que la
justice le reçoive dans une forme aussi peu solennelle. Sans doute il ne faut pas regretter les
pratiques bizarres et souvent entachées de superstition que proscrivaient d'anciennes coutumes dans le but de frapper l'imagination des
plaideurs et d'augmenter, en eux, la crainte du
parjure. Mais il serait bon, peut-être, que le
juge, avant d'interpeller la partie, lui adressât
quelques paroles propres à faire impression sur
sa conscience et à lui révéler l'importance de
l'acte qu'elle est sur le point d'accomplir.

La manière de prêter serment en usage devant nos tribunaux ne présente aucune difficulté quand la partie qui doit jurer appartient
à la religion catholique ou à l'une des confes-
sions protestantes reconnues par la constitution.
Il en est autrement lorsque cette partie est
membre de l'une de ces sectes qui professent, à
l'égard du serment, des croyances particulières,
nous voulons parler, entre autres, des Quakers et des Israélites.

Les Quakers, religionnaires chez lesquels s'al-
lie à des mœurs pures et austères, un respect
exagéré et souvent étroit de la lettre des Écritures, considèrent comme un crime l'acte de
prêter serment. Tout ce qu'ils se croient permis
par l'Évangile, c'est de fournir une affirmation
en leur âme et conscience, sans aucune attesta-

tion de la Divinité. Ils refusent donc de jurer en
levant la main et prononçant les mots consa-
crés par l'usage : *je le jure ;* car cette formule
contient implicitement deux choses qu'ils s'in-
terdisent absolument : l'invocation par laquelle
on prend Dieu à témoin de ce que l'on déclare,
et l'imprécation par laquelle on le prie de venger le parjure.

Bien que les Quakers soient peu nombreux
dans notre pays, la jurisprudence a eu à statuer sur la question de savoir s'ils peuvent être
contraints à prêter serment dans la forme ordinaire. Notre ancien droit, qui tolérait seulement les cultes dissidents, résolvait la question
contre eux. Aujourd'hui on décide, au contraire,
que le serment ne pourra être exigé des Quakers. Les forcer à jurer, ce serait violer un principe écrit depuis 1789, dans toutes les constitutions qui ont régi la France : le principe de
la liberté de conscience. Non-seulement on ne
les y contraint pas, la jurisprudence consent
même à recevoir, à défaut de serment, l'affirmation en leur âme et conscience que leur permettent leurs dogmes et à laquelle ils attachent
un caractère suffisamment religieux.

A côté des religions qui défendent le serment
parce qu'elles y voient une insulte à la Divinité, il en est d'autres qui exigent pour sa prestation une invocation expresse avec des formules spéciales. Tel est, par exemple, le ju-

daïsme : le serment judaïque doit être prêté
dans la synagogue, devant un rabbin, en des
termes sacramentels et sur le *Sefer-rab* ou Livre
de Dieu. Il paraît que les Juifs de certains pays
ne croient pas leur conscience engagée par
un serment prêté suivant la formule chrétienne
et sans l'observation du cérémonial que nous
venons de faire connaître. Si l'un d'eux,
sommé de jurer, demande à prêter serment
suivant les rites de son culte, le tribunal devra-
t-il consentir à ce qu'il en soit ainsi? Oui, sans
aucun doute; il est bon que chacun prête serment suivant ses croyances. *Jure jurando quod
propria superstitione juratum est standum*, disait
Ulpien (1); et Godefroy ajoute : *Jurant enim aliter
Judæi, aliter Ethnici; denique cuique genti sua, in
jurejurando, religio et formula est.* Le serment
prêté par un Juif *more judaico* n'en sera que
plus digne de foi, et d'ailleurs le principe, aujourd'hui si hautement proclamé, de la liberté
des religions veut qu'on laisse à tout citoyen
français la faculté d'observer la sienne. Les
Juifs ont donc le droit de jurer à leur manière;
c'est un point qui ne peut soulever, et sur lequel
ne s'élève, en effet, aucune contestation.

Mais voici une question plus grave et qui a
fait l'objet des décisions les plus contraires. Un
Juif peut-il être contraint de jurer *more judaico?*

(1) L. 5, § 1; Dig., *De jurejurando.*

Beaucoup de cours d'appel ont répondu affirmativement, et, s'il est vrai que les Israélites ne
se croient pas obligés en conscience par un
serment tel que le prêtent ordinairement les
chrétiens, nous déclarons qu'elles ont eu raison.
Le serment étant, en effet, de par la loi, un acte
religieux, n'est-il pas naturel de dire que chacun
devra le prêter selon sa foi? On ne doit pas perdre de vue que celui qui le défère ne s'en rapporte pas uniquement à la bonne foi de son
adversaire; dans ce cas, il se contenterait de
son affirmation pure et simple; il veut quelque
chose de plus, c'est que son adversaire jure,
c'est-à-dire mette, en quelque sorte, Dieu lui-
même en cause afin de donner plus d'autorité
à sa parole. Il le croit capable de mentir; mais
il pense qu'un homme d'une honnêteté médiocre
peut être retenu, au moment de jurer, par la
crainte de faire à Dieu une insulte directe et
d'encourir les peines réservées aux parjures.
Or, que deviendra cette crainte religieuse si le
serment n'est pas reçu dans les formes prescrites par le culte de celui qui doit le prêter?
En l'absence de formalités religieuses, on comprend que certains esprits étroits et supersti-
tieux ne sentent pas le caractère religieux de
l'acte qu'ils accomplissent et ne le croient pas
capable de les engager devant Dieu. Autoriser
de tels hommes à prêter serment dans la forme
abstraite et froide qui est en usage devant nos

tribunaux, n'est-ce pas tromper la partie adverse? Car c'est un serment qu'elle voulait obtenir, et l'assertion, dépouillée, aux yeux de celui
qui la fait, de tout caractère religieux, n'en est
pas un.

Objectera-t-on que c'est soumettre les plaideurs à une sorte d'inquisition que de rechercher quelle est leur foi religieuse pour les forcer d'en observer les rites? Cette considération
nous paraît sans valeur; jamais, en effet, le tribunal n'aura besoin de se livrer à aucune inves-
tigation vexatoire pour savoir quelle est la religion d'un plaideur. C'est un point sur lequel
l'éclairera presque toujours la notoriété publique, et à supposer que la secte à laquelle appartient un homme puisse, dans certains cas, faire
question, on n'aura jamais à se demander si un
plaideur appartient ou non à la religion juive.
Les Israélites portent, en effet, dans leurs
noms, dans leur profession et jusque sur leur
front autant de signes distinctifs qui les font in-
failliblement reconnaître. Donc le tribunal saura
aisément si la partie à laquelle le serment est
déféré est juive; et qu'on ne prétende pas qu'il
soit contraire au principe de la liberté de conscience de la faire jurer *more judaico :* c'est, au
contraire, rendre hommage à ce principe, le législateur l'ayant institué dans le but non de
fondre toutes les religions en une seule, mais de
laisser à chacun le droit de vivre sous l'empire

de ses croyances. « La qualité de citoyen, qui est commune à tous les Français, n'empêche pas, dit Merlin, que tous les citoyens français ne soient partagés en plusieurs croyances religieuses. La loi civile elle-même ne peut reconnaître pour véritable serment que celui qui est prêté suivant la croyance religieuse de celui à qui la prestation en est commandée » (1).

Une objection plus sérieuse contre notre manière de voir se tire des règles édictées par le législateur pour le serment des fonctionnaires publics, et pour celui des jurés ou des témoins en matière criminelle. Dans tous les cas la loi prescrit une formule unique sans s'inquiéter de savoir si la personne appelée au serment sera chrétienne, juive ou vouée à quelque autre culte ? N'est-ce pas qu'elle entend faire du serment un acte religieux, sans doute, mais dans le sens le plus large de ce mot, c'est-à-dire indépendant de tout rite spécial et supposant seulement la croyance à l'Être suprême ? Ne faut-il pas conclure de là qu'au civil, comme au criminel, le serment prêté dans la forme usuelle est le seul recevable, quelles que soient les croyances des personnes appelées à le prêter, et que les tribunaux auraient tort de modifier, suivant la religion des plaideurs, une formule qui doit être unique, dans l'esprit de la loi, et convenir à tout

(1) Merlin, *Questions de droit*, v° Serment, § 2.

le monde ? On ajoute que le serment des témoins,
dans un procès criminel, a, aux yeux de la loi,
beaucoup plus d'importance que celui qui est
prêté par la partie dans une instance civile, fût-
ce même un serment litis-décisoire : ce qui le
prouve, c'est que le parjure est puni dans l'un
de ces cas beaucoup plus sévèrement que dans
l'autre (le faux serment du témoin le rend passible
des travaux forcés à temps ou de la réclusion.
Art. 361-362, C. P.). Pourquoi donc exiger en
matière de serment décisoire ou supplétoire
l'emploi de formalités que la loi a jugées superflues même en matière criminelle ? Nous répondons que c'est mal raisonner que de conclure,
lorsqu'il s'agit de moyens de preuve, du criminel
au civil. Chaque droit a, en effet, à cet égard,
des règles spéciales, et c'est une erreur de croire
la loi pénale plus exigeante que la loi civile. Ne
voyons-nous pas, en effet, que la preuve par
témoins, malgré la gravité des intérêts engagés,
est toujours admise au criminel, tandis que
l'usage en est le plus souvent prohibé dans les
procès civils? Et il est même à remarquer, pour
ne parler que du serment, que s'il est un cas où
il convient d'en entourer la prestation de garan-
ties, c'est celui où il est déféré au civil; parce
qu'alors il doit être prêté par une partie dans sa
propre cause, tandis qu'un témoin est hors de
cause et n'a pas d'intérêt au débat. C'est, en
matière civile, que le parjure est le plus à craindre;

c'est donc là surtout que le serment doit tomber sous la sanction religieuse. Le législateur l'a compris; il n'a rien dit, ni dans le Code civil, ni dans le Code de procédure, de la forme du serment, afin de laisser au juge le soin de déterminer, dans chaque espèce, la formule et le cérémonial le plus en rapport avec les croyances des parties. La théorie à suivre est donc encore ici celle de Godefroy : *Jurant aliter Judæi, aliter Ethnici.*

Nous arrivons ainsi à adopter sur notre question une doctrine qui est parfaitement formulée dans un arrêt de la cour d'Alger, dont nous résumons les principaux considérants :

« Attendu que la volonté aussi bien que le but du législateur, en élevant, dans certains cas, le serment au rang de la preuve, ont été qu'il fût essentiellement un lien religieux.. Attendu qu'il faut reconnaître que la loi civile n'a imposé aucune forme ni aucune formule particulière au serment judiciaire... Attendu que la volonté du législateur serait méconnue, que le but qu'il a voulu atteindre serait nécessairement manqué, si la forme et la formule du serment pouvaient être regardées, à raison de la religion particulière de celui qui doit prêter serment, comme ne formant pas pour lui un lien religieux... »

Nous conclurons, avec la Cour, que, dans le cas où une partie ne se croirait pas obligée devant Dieu par une affirmation prêtée dans la forme en usage devant nos tribunaux, son adversaire aurait le droit d'exiger qu'elle prêtât serment suivant les rites de son culte.

Reste, quant aux Juifs, la question de savoir s'il est vrai que, s'attachant plus à la forme qu'au fond, ils ne considèrent pas comme religieusement obligatoire pour eux le serment prêté sans l'observation du cérémonial juridique. C'est là une question de foi religieuse sur laquelle les juges ne peuvent s'éclairer qu'en consultant les rabbins et les consistoires israélites. Or ceux d'Alger répondent que le serment judiciaire, prêté selon la formule d'usage devant les tribunaux français, n'oblige pas la conscience de l'Israélite qui le prête, et que le seul serment qui le lie dans le for intérieur est celui qui est prêté sur le *Sefer-rab*, avec certaines formules usitées et commandées expressément par la loi religieuse (1). En France, les Israélites suivent, paraît-il, d'autres préceptes. Il résulte, en effet, des déclarations souvent réitérées de leur grand sanhédrin qu'il n'existe entre eux et les autres citoyens français aucune différence dans la manière de comprendre la sainteté du serment (2). Dès lors nous ne pouvons qu'approuver, en ce qui concerne les Juifs de l'Alsace et du reste de la France, un arrêt de la Cour de cassation qui décide qu'on ne peut les contraindre à jurer

(1) Arrêt de la cour d'Alger.
(2) Déclarations du sanhédrin en 1807, du consistoire israélite

more judaïco (1). Mais nous maintenons notre théorie pour l'Algérie et nous pensons que la cour d'Alger fera bien de continuer à l'appliquer aux Juifs de son ressort, aussi longtemps que leur église jouira d'une sorte d'existence propre et indépendante du grand sanhédrin français (2).

Après avoir parlé des différentes religions, devons-nous dire un mot de ceux qui n'en ont aucune? Les personnes qui ne croient pas à l'existence de Dieu sont assez rares dans le monde. Si cependant il se rencontre un homme qui pousse ainsi l'incrédulité jusqu'à l'extrême et fasse ouvertement profession d'athéisme, les principes les plus essentiels du serment s'opposent à ce qu'il lui soit déféré Le serment, dans la bouche d'un athée, ne serait, en effet, qu'une formalité vide de sens. Jurer, c'est invoquer la Divinité à l'appui de son affirmation, et se vouer, en cas de parjure, aux peines réservées à ce crime : deux actes dont la croyance en Dieu est évidemment la condition indispensable. Que devra donc faire le tribunal s'il découvre que la personne appelée à jurer n'est pas religieuse, pas même déiste ? Il retirera la délation du serment s'il l'a faite d'office, et il la déclarera non avenue si l'offre de jurer a été adressée à l'athée par

en 1816 et de tous les grands rabbins en 1844. Sirey, *Lois anno-tées*, vol. I, p. 742.

(1) Cassat., 3 mars 1846.
(2) Ordonnance du 26 septembre 1842, art. 49.

l'autre partie (à moins qu'elle ne déclare se contenter de la simple affirmation de son adversaire).
On objectera peut-être que tous les Français sont
égaux devant la loi, que chacun est libre de sa
conscience et qu'il est contraire à l'esprit du
Code de frapper un individu d'une sorte de
déchéance en lui refusant la faculté de prêter
serment parce qu'il ne partage pas les croyances
de la majorité des citoyens. Nous répondons
qu'en fait si quelqu'un a le droit de se plaindre,
c'est moins l'athée que l'autre partie qui espé-
rait obtenir de lui un refus de jurer. N'est-ce pas
d'ailleurs être dans le vrai que de dire que le
principe de la liberté de conscience a été proclamé dans le but de protéger toutes les religions,
mais non l'athéisme ? Et quant à celui de l'éga-
lité de tous devant la loi, il ne peut avoir pour
effet de rendre raisonnable une chose aussi
absurde que l'invocation de Dieu par un homme
qui nie l'existence de Dieu.

POSITIONS.

DROIT ROMAIN.

I. La sentence du juge éteint à la fois l'obligation civile et l'obligation naturelle.

II. Le serment déféré par la partie soit devant le préteur, soit même devant le *judex*, est obligatoire.

III. Le serment prêté *in jure* ne donne pas l'action *in factum de jurejurando*, mais l'exercice de l'action née du droit au sujet duquel le serment a été déféré.

IV. Le *jusjurandum in litem* ne peut trouver place que dans celles des actions de bonne foi qui ont pour but d'amener une restitution ou une exhibition.

V. La loi 68 *Dig. de rei vindicatione* n'a pas été interpolée et se concilie avec la loi 2, *de in litem jurando*.

VI. Les actes passés par le mineur de 25 ans, sans l'assistance de son curateur, étaient valables dans l'ancien droit, sauf le recours de l'*in integrum restitutio;* mais sous le Bas-Empire ils furent frappés d'une nullité de droit.

DROIT CIVIL FRANÇAIS.

I. Le serment n'est pas une présomption, mais un mode de preuve d'une nature spéciale.

II. Il ne peut être déféré dans les contestations non susceptibles de faire l'objet d'une transaction ni sur des faits que la loi ne reconnaît pas ou dont elle soumet la preuve à des conditions spéciales et restrictives.

III. Il peut servir à combattre les présomptions *juris et de jure* qui ne sont pas fondées sur des considérations d'intérêt public.

IV. La partie qui a déféré le serment à son adversaire ne peut se porter partie civile dans l'accusation de parjure, dirigée contre celui-ci par le ministère public.

V. Le juge ne peut s'opposer à la prestation d'un serment régulièrement déféré, lors même que la délation n'en aurait été faite que dans des conclusions subsidiaires.

VI. La serment déféré devant le juge de paix siégeant comme conciliateur, n'est pas judiciaire.

VII. Le serment supplétoire ne peut être déféré en l'absence d'un commencement de preuve par écrit dans les causes d'un intérêt de plus de 150 francs.

VIII. On peut contraindre à jurer *more judaico* un juif qui ne croirait pas sa conscience engagée par un serment prêté dans la forme en usage devant les tribunaux.

IX. En principe, un contrat par correspondance ne reçoit sa perfection qu'au moment où l'auteur de l'offre reçoit notification de l'acceptation de son correspondant.

X. L'enfant naturel ne peut faire par témoins la preuve de sa filiation en l'absence d'un commencement de preuve par écrit émané de sa prétendue mère.

XI. Les actes que le mineur a faits seul, et pour la perfection desquels la loi n'aurait exigé du tuteur aucune formalité spéciale, ne sont rescindables qu'en cas de lésion. Ceux que le tuteur a faits en se conformant aux prescriptions de la loi sont inattaquables.

DROIT COMMERCIAL.

I. L'action dirigée par un entrepreneur de spectacles contre un artiste dramatique à fin d'exécution de l'engagement de celui-ci n'est pas de la compétence du tribunal de commerce.

II. Les livres des marchands constituent en leur faveur, contre les personnes non commerçantes, un commencement de preuve qui rend admissible le serment supplétoire, mais non la preuve testimoniale.

DROIT CRIMINEL.

I. Le fait d'un témoin, qui cache ou altère la vérité de peur de s'accuser lui-même, ne constitue pas le crime de faux témoignage.

II. Le ministère public peut faire par tous les moyens, lorsqu'il poursuit le parjure, la preuve du contrat qui a donné lieu au faux serment.

III. Le consentement de la victime n'empêche pas l'auteur d'un homicide d'être punissable.

DROIT INTERNATIONAL.

I. Le fait par une armée assiégeante de diriger ses bouches à feu contre les maisons, églises et autres édifices non militaires d'une place forte constitue une violation du droit international.

II. Le juge français qui procède à la réception d'un serment en vertu d'une commission rogatoire étrangère doit imposer à la partie sommée de jurer la formule prescrite par la loi du pays où la cause est pendante.

HISTOIRE DU DROIT.

I. Les législations germaniques admettent aussi bien en matière civile qu'en matière criminelle l'usage du serment.

II. L'ouvrage connu sous le nom d'*Etablissements de Saint-Louis* n'est pas le résultat d'une tentative de codification mais un simple coutumier rédigé par un praticien d'Orléans.

———

Vu par le président de la thèse,

C. BUFNOIR.

Vu par le Doyen de la Faculté,

G. COLMET-D'AAGE.

Permis d'imprimer :

Le Vice-Recteur de l'Académie de Paris,

A. MOURIER.

A. PARENT, imprimeur de la Faculté de Médecine, rue M.-le-Prince, 31.

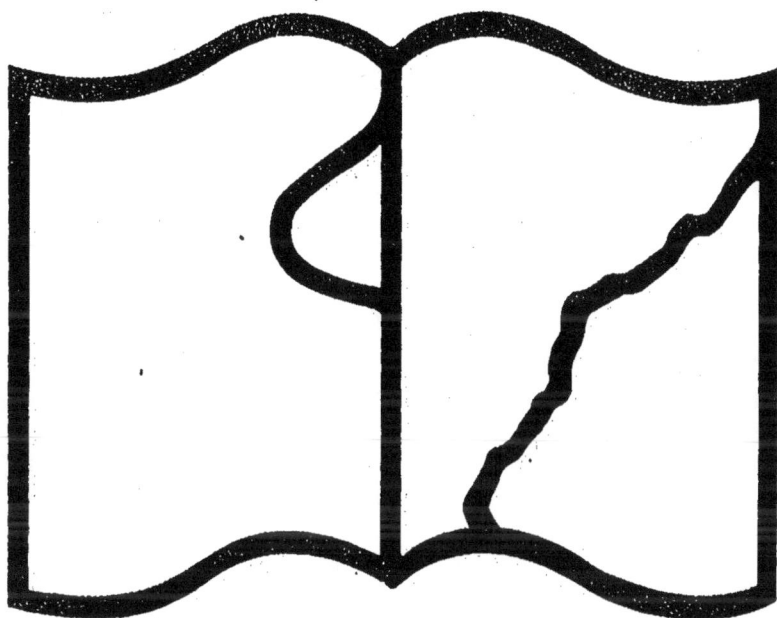

Texte détérioré — reliure défectueuse

NF Z 43-120-11

www.ingramcontent.com/pod-product-compliance
Lightning Source LLC
Chambersburg PA
CBHW071655200326
41519CB00012BA/2516